GTQi

일러스트 2급　with Adobe CC

● CS4, CS6 버전 응시생을 위한 별도 완성 파일 제공 ●

| 실습을 위한 기초 이론 수록 |

| 실전에 초점을 맞춘 기술 위주의 학습 |

| 기출 문제 및 풍부한 모의고사를 통한 실습 |

KB081694

아티오
ArtStudio

GTQi Illustrator

GTQi 일러스트 2급 with Adobe CC

2023년 04월 05일 초판 인쇄
2023년 04월 10일 초판 발행

펴낸이 | 김정철
펴낸곳 | 아티오
지은이 | 유윤자
마케팅 | 강원경
표 지 | 박효은
편 집 | 이효정
전 화 | 031-983-4092~3
팩 스 | 031-696-5780
등 록 | 2013년 2월 22일
정 가 | 19,000원
주 소 | 경기도 고양시 일산동구 호수로 336 (브라운스톤, 백석동)
홈페이지 | http://www.atio.co.kr
내용문의 | 4-leaf-clover@hanmail.net

소스 자료 및 정답 파일 받아보기

예제 소스 및 정답 파일은 [아티오(www.atio.co.kr)] 홈페이지의 [IT/기술]-[자료실]에서 다운받으시면 됩니다.

머리말

일러스트레이터는 단순한 드로잉의 개념을 넘어서 포토샵과 아울러 디자인 트렌드를 좌우할 만큼 비중 있게 성장해 왔습니다. 하지만 사용자의 체계적인 드로잉 훈련과 그림에 대한 관심이 없을 경우 프로그램 사용에 있어서 한계를 느끼게 됩니다. 따라서 캐릭터 애니메이터, 편집 디자이너, 웹 전문가 등 벡터 드로잉을 필요로 하는 창조적인 작업과정에 반드시 필요한 툴인 일러스트레이터라는 프로그램을 요리할 수 있어야 진정한 디자이너라고 할 수 있을 것입니다.

GTQi Illustrator는 컴퓨터그래픽에 대한 기본 기능 숙지 능력과 함께 디자인 실무에 사용할 수 있는 활용능력을 검증하는 그래픽기술자격시험으로 2급 출제기준에 맞춰 학습 난이도를 조절하였으며, 철저한 기출문제 분석을 통하여 수험생 여러분의 능력을 검증할 수 있는 기회가 될 수 있습니다.

본 수험서는 실무에서 다년간 컴퓨터그래픽 교육을 담당하고 있는 전문 강사와 디자이너가 GTQi Illustrator 자격시험 대비뿐만이 아닌 독자 스스로가 기본서로 학습할 수 있을 정도로 자세한 기본기능 설명과 실무 예제 등을 통하여 체계적으로 학습할 수 있도록 기획하였습니다.
프로그램의 기본 기능 설명과 아울러 문항마다 출제되는 주요 기능에 대한 따라하기 방식의 학습, 실제 출제되었던 기출문제와 더불어 기출문제와 유사한 형식의 다양한 모의고사 문제를 통하여 자격을 취득할 수 있는 학습기회가 될 것입니다.

GTQi Illustrator를 준비하는 수험생 여러분에게 많은 도움이 되기를 바랍니다.

저자 유윤자

이메일 : 4-leaf-clover@hanmail.net

이 책의 특징

문제1 기본 툴 활용 · · · 25점

새 아트보드 만들기 및 파일 저장하기 → 성 모양 만들기 → 깃발 및 나머지 성 모양 만들기 → 모래 삽 만들기 → 레이아웃 정리 및 답안 전송하기

01 새 아트보드 만들기 및 파일 저장하기

01 [File(파일)]-[New(새로 만들기)] 메뉴를 선택하고 Width(폭) 100mm와 Height(높이) 80mm를 입력합니다. Units(단위)는 Millimeters(밀리미터)를 지정하고, Color Mode(색상 모드)는 CMYK를 선택합니다.

▽ 합격 Point
《조건》에서 제시한 아트보드의 크기를 정확하게 지켜주어야 하며, 답안 작성요령에 제시된 것처럼 이미지 모드는 CMYK를 지정하고, 단위는 mm(밀리미터)를 지정하여야 합니다.

02 전체적인 작업을 위해서 [View(보기)]-[Rulers(눈금자)]-[Show Rulers(눈금자 표시)] 메뉴를 선택하여 눈금자를 표시합니다. 그리고 눈금자 안쪽에서부터 마우스를 드래그하여 가로 안내선을 만듭니다. 계속하여 세로 방향의 안내선 또한 위와 동일한 방법으로 세로 방향 눈금자에서부터 마우스를 드래그하여 안내선을 만듭니다. 문제에서 제시된 《출력형태》와 레이아웃 구성을 동일하게 작업하기 위해서 동일한 방법으로 여러 개의 안내선을 표시하고, 만일 안내선을 편집하고자 할 경우에는 [View(보기)]-[Guides(안내선)]-[Unlock Guides(안내선 잠금 풀기)] 메뉴를 클릭하여 잠금을 해제한 후 이동하거나 삭제하면 됩니다.

🏵 체크 Point
눈금자를 불러온 후 안내선을 함께 사용하면 《출력형태》와 동일한 크기나 레이아웃으로 작업하기 용이합니다.

눈금자를 표시하였을 때 눈금자 단위가 mm(밀리미터)가 아닐 경우에는 눈금자 위에 마우스 오른쪽 키를 누르면 단위를 변경할 수 있습니다.

---

06 계속하여 나머지 성 모양 또한 앞서 작업해 둔 모양을 복사하여 크기를 조절하거나 동일한 방법으로 각각 완성하여 [Object(오브젝트)]-[Arrange(정돈)] 메뉴로 오브젝트를 정돈합니다.

07 깃발을 만들기 위해 도구 패널에서 Rectangle Tool(사각형 도구)▭를 선택하고 드래그하여 직사각형을 만든 뒤 Color(색상) 패널에서 면 색을 적용합니다.

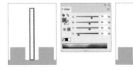

08 다시 Pen Tool(펜 도구)✍을 선택하고 깃발 모양을 그려준 뒤 Color(색상) 패널에서 면 색을 적용하여 성 모양을 완성합니다.

▽ 합격 Point
《출력형태》와 동일한 모양의 오브젝트 제작 후 색상을 적용합니다.
C10M40Y70K10,
C10M30Y60,
C30M50Y70K10,
C70M60Y60K10,
M70Y40

단원 설명

문제를 풀기 위한 개략적인 흐름을 한눈에 살펴볼 수 있도록 하였습니다.

합격 Point

시험을 치루는데 있어 반드시 지켜야 할 필수적인 시험 조건에 대해 설명합니다.

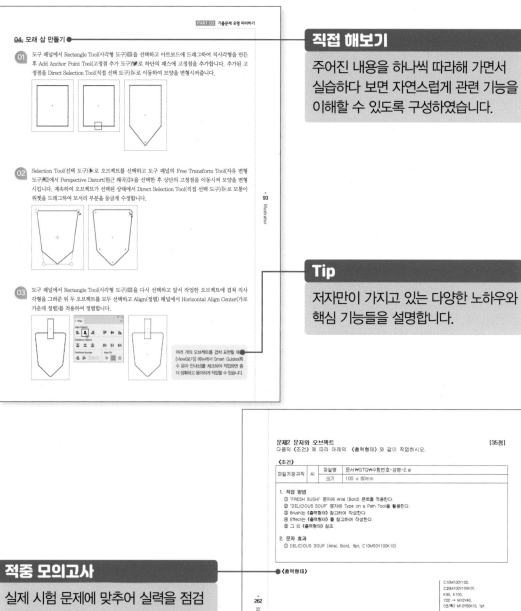

직접 해보기

주어진 내용을 하나씩 따라해 가면서 실습하다 보면 자연스럽게 관련 기능을 이해할 수 있도록 구성하였습니다.

Tip

저자만이 가지고 있는 다양한 노하우와 핵심 기능들을 설명합니다.

적중 모의고사

실제 시험 문제에 맞추어 실력을 점검할 수 있도록 모의고사 문제를 담았습니다.

Content
목차

1 PART GTQi 시험 안내   8

Section 01   국가공인(민간) GTQi 시험 안내   10
Section 02   국가공인 GTQi 출제기준(2급)   13
Section 03   국가공인 GTQi 시험 구조(2급)   14
Section 04   답안 전송 프로그램 사용법   16

2 PART 일러스트 핵심기능 알아보기   20

Section 01   아트보드 만들기 및 저장   22
Section 02   Tool(도구)   24
Section 03   Menu(메뉴)   56
Section 04   Panel(패널)   71

3 PART 기출문제 유형 따라하기   80

GTQi [그래픽기술자격-일러스트] 기출문제   82

   문제 1   기본 툴 활용   86

     01. 새 아트보드 만들기 및 파일 저장하기   86
     02. 성 모양 만들기   87
     03. 깃발 및 나머지 성 모양 만들기   90
     04. 모래 삽 만들기   93
     05. 레이아웃 정리 및 답안 전송하기   95

   문제 2   문자와 오브젝트   97

     01. 새 아트보드 만들기 및 파일 저장하기   97
     02. 유리컵 만들기   98
     03. 야자수 만들기   106
     04. 우산 만들기   109
     05. Brush(브러쉬) 적용하기   112
     06. 문자 입력 및 활용   114
     07. 레이아웃 정리 및 답안 전송하기   116

문제 3 어플리케이션 디자인   118

01. 새 아트보드 만들기 및 파일 저장하기   118
02. 서핑보드 만들기   120
03. Pattern(패턴) 등록 및 활용   121
04. 튜브 만들기   124
05. 물안경 만들기   129
06. 라벨 만들기 및 물안경 활용   134
07. 문자 입력   136
08. 레이아웃 정리 및 답안 전송하기   138

4 PART 기출문제 유형 모의고사   140

유형 01 GTQi [그래픽기술자격–일러스트] 기출문제   142
문제 1 기본 툴 활용   146
문제 2 문자와 오브젝트   160
문제 3 어플리케이션 디자인   180

유형 02 GTQi [그래픽기술자격–일러스트] 기출문제   202
문제 1 기본 툴 활용   206
문제 2 문자와 오브젝트   217
문제 3 어플리케이션 디자인   239

5 PART 적중 모의고사   258

적중 모의고사 1회   260
적중 모의고사 2회   264
적중 모의고사 3회   268
적중 모의고사 4회   272
적중 모의고사 5회   276
적중 모의고사 6회   280
적중 모의고사 7회   284

PART 01

GTQi 시험안내

Section 01   국가공인(민간) GTQi 시험 안내

Section 02   국가공인 GTQi 출제기준(2급)

Section 03   국가공인 GTQi 시험 구조(2급)

Section 04   답안 전송 프로그램 사용법

Section 01 국가공인(민간) GTQi 시험 안내

한국생산성본부가 주관하여 시행하는 GTQi(Graphic Technology Qualification Illustration)는 일러스트레이션의 활용능력을 평가하는 시험으로 디자인의 필수 요소인 일러스트는 예비 디자이너 혹은 현업에서의 실무 그래픽디자인, 심볼, 로고에서 명함 제작에 이르기까지 활용범위가 무궁무진합니다. GTQi는 아이디어와 창의성, 전문적인 감각과 개인의 경쟁력을 높여주는 디자인 전문자격입니다.

① 주관 및 공인부처
- 주관 : 한국생산성본부
- 국가공인(민간) 번호 : 산업통상자원부 제2020-1호 GTQi(그래픽기술자격일러스트) 1급, 2급
- 자격종류 : 공인민간자격
- GTQi(일러스트)는 국제자격 ICDL과 상호인증이 불가합니다.
- 등록번호 : 2012-0697 GTQi(그래픽기술자격 일러스트) 3급
- 자격종류 : 등록민간자격
- 협찬 : 한국어도비시스템즈
- ※ 상기 "3급" 자격은 자격기본법 규정에 따라 등록한 민간자격으로 국가로부터 인정받은 공인자격이 아닙니다.
- ※ 민간자격 등록 및 공인 제도에 대한 세상 내용은 민간자격정보서비스(www.pqi.or.kr)의 '민간자격 소개'란을 참고하여 주십시오.

② 국가공인 GTQi 자격의 특징
- 실무의 활용성을 높이기 위해 〈실기〉로만 진행(이론시험 제외)
- 기존 GTQ자격의 검증된 시스템 적용으로 신뢰성 공정성 차별성 확보
- 실무자 중심의 디자인 필수자격으로 연구 개발
- 개별자격으로 런칭하여 수월한 접근성 확보

③ 시험과목

자격종목	등급	문항 및 시험방법	시험기간	S/W 버전
GTQi (일러스트)	1급	3문항 실무 작업형 실기시험	90분	Adobe Illustrator CS4, CS6, CC(영문)
	2급	3문항 실무 작업형 실기시험	90분	
	3급	3문항 기능 작업형 실기시험	60분	

※ 시험 접수 기간에 고사장 별로 응시 가능한 S/W 버전을 확인하실 수 있습니다.
※ GTQ 그래픽기술자격 3급 시험은 1,2교시 동시에 신청이 불가합니다.
  (GTQ(그래픽기술자격)3급과 GTQi(일러스트)3급 동시 응시 불가)

일러스트레이터

④ 합격 결정기준

자격종목(과목)	등급	합격기준
GTQi(일러스트)	1급	100점 만점 70점 이상
	2급	100점 만점 60점 이상
	3급	100점 만점 60점 이상

⑤ 시험시간

교시	등급	입실시간	시험기간	비고
1교시	1급	08:50까지	09:00~10:30	정기시험기준
	2급		09:00~10:30	
2교시	1급	10:50까지	11:00~12:30	
	2급		11:00~12:30	
	3급		11:00~12:00	

※ 정기시험 기준으로 시험일정에 따라 변경될 수 있습니다.

:: 시험 응시 방법

① 원서접수
② 홈페이지를 통해 시험시간, 고사장/고사실 수험번호 숙지
③ 수험표, 신분증, 필기도구를 소지하고 시험시간 전에 입실(반드시 10분전까지 입실 완료하여야 함.)
④ 응시생 유의사항 및 답안 작성 요령을 숙지하여 시험 응시
⑤ 공지된 합격자 발표일에 합격 여부 확인

:: 응시 자격

응시 자격에 제한이 없이 누구나 응시 가능함.

:: 인터넷 원서 접수

https://www.gtq.or.kr 접속하여 회원가입 후 접수

:: 공지사항 ||||||||||||||||||||||||||||||||||||||||||||||||||||||||||||||||||||||||||||||||||||

① 원서접수는 인터넷과 방문 접수 중 1회만 가능합니다. (※인터넷 접수자는 방문접수 불가)
　원서접수 완료 후 과목을 추가로 접수할 수 없습니다.
② 시험시간 변경 관련 안내
　GTQ 시험시간(좌석배정)은 컴퓨터에 의해 일괄 자동배정되므로 개인 변심이나 타시험과 중복등의 사유로
　시험시간 변경 또는 시험장의 임의 변경이 불가능합니다. 따라서 타시험 또는 중요한 개인 일정을 고려하여
　시험 날을 정확히 확인 후 원서접수 하시기 바랍니다.
◈ 시험 연기가 가능한 경우 ☞ 홈페이지 참고
③ 응시하실 과목이 기존에 취득했던 과목인지 확인합니다.
　(합격 취득하였다면 해당 시험과목은 시험에 응시하실 필요가 없습니다.)
④ 응시원서의 입력 항목에 따라 지역 및 고사장 선택, 신상 명세 입력, 본인 사진을 등록합니다.
　(사진등록을 위한 이미지 파일은 온라인 편집이 가능합니다.)
⑤ 응시원서 작성을 마치신 후 결제화면에서 신용카드 또는 온라인 이체로 응시료를 결제합니다.
　(결제금액은 응시료 + 인터넷 접수 건별 소정의 수수료가 산정됩니다.)
⑥ 응시원서 작성과 온라인 결제를 마치신 접수자는 화면 출력된 GTQ 시험 접수확인증을 인쇄하시기 바랍니다.
⑦ 인터넷 원서접수 마감 후 '수정 및 취소' 기간 내에만 가능합니다.
※자세한 수정 취소 기간은 해당 회차 시험안내 공지사항을 확인 바랍니다.
　(9:00~18:00, 토/공휴일 포함. 단, 기간 및 시간은 변경될 수 있으니 양해 바랍니다.)
　단, 전체과목/전체인원/부분인원 취소는 가능하지만, 개인의 부분 과목 추가 및 취소는 불가능합니다.
⑧ 수험표는 수험표 공고 기간에 홈페이지에서 출력하시기 바랍니다.

• 원서접수 검정수수료 반환(취소/환불) 규정 : http://www.gtq.or.kr 사이트 참고

• 시험연기 규정 : http://www.gtq.or.kr 사이트 참고

:: 합격자 발표 ||||||||||||||||||||||||||||||||||||||||||||||||||||||||||||||||||||||||||||||

https://www.gtq.or.kr 이용

:: 자격증 교부 ||||||||||||||||||||||||||||||||||||||||||||||||||||||||||||||||||||||||||||||

– 인터넷 신청(연중 상시 신청 가능)
– 자격증 신청에는 비용이 발생합니다.(홈페이지 참고)
– 자격증 발송은 접수완료 후 카드제작 기간을 포함하여 14일 이내

Section 02 국가공인 GTQi 출제기준(2급)

1. 기본 툴 활용(25점)

→ 캐릭터, 아이콘, 이모티콘 등

▶ 기본 도구 및 기능 사용

- Selection Tool / Pen Tool
- 도형 툴 / 변형 툴
- Pencil Tool / Eraser Tool
- Gradient Tool / Create Outlines
- Pathfinder 패널/ Stroke 패널
- Character 패널 / Paragraph 패널

02. 문자와 오브젝트(35점)

→ 응용 디자인 : 문자 디자인, 오브젝트 만들기, 엠블렘, 픽토그램, 스티커 등

▶ 기본 도구 및 기능 사용

- Selection Tool / Pen Tool
- 도형 툴 / 변형 툴
- Pencil Tool / Eraser Tool
- Gradient Tool / Create Outlines
- Pathfinder 패널/ Stroke 패널
- Character 패널 / Paragraph 패널

▶ 추가 도구 및 기능 사용

- Type Tool / Paintbrush Tool
- Transparency 패널 / Pattern 활용
- Expand / Expand Appearance
- Clipping Mask / Pattern, Symbol 활용
- Effect 효과 / Transparency 패널

03. 어플리케이션 디자인(40점)

→ 응용 디자인 : 서식류, 비즈니스 디자인, 패키지 디자인 등

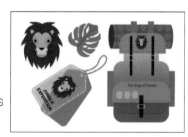

▶ 기본 도구 및 기능 사용

- Selection Tool / Pen Tool
- 도형 툴 / 변형 툴
- Pencil Tool / Eraser Tool
- Gradient Tool / Create Outlines
- Pathfinder 패널/ Stroke 패널
- Character 패널 / Paragraph 패널

▶ 추가 도구 및 기능 사용

- Type Tool / Paintbrush Tool
- Warp Tool / Symbol Sprayer Tool
- Expand / Expand Appearance
- Clipping Mask / Pattern, Symbol 활용
- Effect 효과 / Transparency 패널

13

Illustrator

1. 전체 구성

▶ 평가 항목
파일 저장 및 답안 전송, 답안 작성요령

▶ 체크 포인트
– 파일 이름과 저장 경로가 맞는가
– 도큐먼트 설정 시 단위와 작품 규격이 맞는가
– 문제에서 제시한 서체에 대한 조건이 맞는가
– 색상 모드가 CMYK로 작성되어 있는가
– 조건에서 지시한 기능의 속성을 해제하지는 않았는가

2. 기본 툴 활용(25점)

▶ 평가 항목
– 아트보드 크기
– 오브젝트 드로잉 및 색상
– 파일 관리 및 저장

▶ 체크 포인트
– 파일 이름과 확장자, 버전과 경로 확인
– 전체 레이아웃
– 제시한 조건에 맞는 색상 적용
– 선의 모양과 선의 두께 등

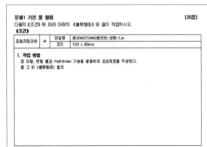

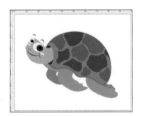

일러스트레이터

3. 문자와 오브젝트(35점)

▶ 평가 항목
– 아트보드 크기
– 오브젝트 드로잉 및 색상
– 문자 입력 및 활용
– 파일 관리 및 저장

▶ 체크 포인트
– 파일 이름과 확장자, 버전과 경로 확인
– 전체 레이아웃
– 제시한 조건에 맞는 색상 적용
– 선의 모양과 선의 두께 등
– 출력형태와 동일한 브러쉬 효과 적용
– Effect(효과) 적용
– 패스를 흐르는 문자 적용
– 문자의 글꼴이나 크기, 색상 적용

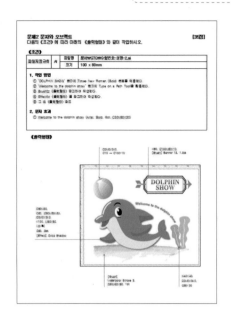

4. 어플리케이션 디자인(40점)

▶ 평가 항목
– 아트보드 크기
– 오브젝트 드로잉 및 색상
– 문자 입력 및 활용
– 파일 관리 및 저장

▶ 체크 포인트
– 파일 이름과 확장자, 버전과 경로 확인
– 전체 레이아웃
– 제시한 조건에 맞는 색상 적용
– 선의 모양과 선의 두께 등
– 출력형태와 동일하게 패턴 등록 및 적용
– Opacity(불투명도) 값 조절
– 오브젝트 정렬, 간격 일정, 그룹 설정
– 문자의 글꼴이나 크기, 색상 적용

Section 04 답안 전송 프로그램 사용법

부록으로 제공된 답안전송 프로그램을 설치한 후 문제를 풀어보며 실전처럼 연습해 봅니다.

01. 부록으로 제공된 폴더를 불러옵니다.

02. 'KOAS수험자(연습용).exe' 파일을 더블클릭합니다.

03. 그림처럼 나오면 응시하고자 하는 시험의 프로그램을 체크하고 성명을 입력한 후 '선택'을 클릭합니다.

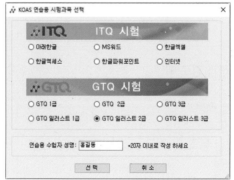

04. 수험번호를 입력한 후 '확인'을 눌러 답안폴더와 성명 등을 확인합니다.

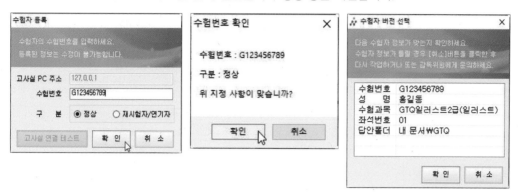

05. 응시자 화면에 다음과 같은 답안 전송 프로그램이 바탕화면에 나타납니다.

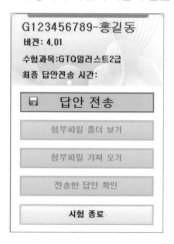

06. 응시자는 일러스트레이터 프로그램을 실행하고 답안을 작성합니다.

07. 답안 작성이 완료되면 '내문서/GTQ' 폴더에 '수험번호–성명–문제번호.ai'로 저장합니다.

08. 답안 전송 프로그램의 '답안 전송'을 클릭합니다.

09. 전송하고자 하는 답안을 체크하고 '답안 전송'을 클릭합니다.

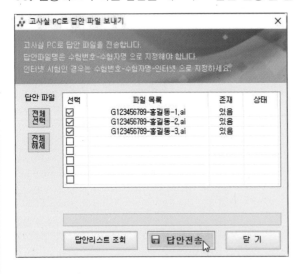

10. 답안을 작성하는 도중에 수시로 작업이 완료된 답안을 전송을 할 수 있도록 합니다.

11. 답안 전송이 모두 완료되면 '시험 종료'를 클릭한 후 감독위원의 지시를 기다립니다.

12. 감독위원의 퇴실 지시에 따라 퇴실하시면 시험은 종료됩니다.

PART 02

일러스트 핵심기능
알아보기

Section 01   아트보드 만들기 및 저장

Section 02   Tool(도구)

Section 03   Menu(메뉴)

Section 04   Panel(패널)

아트보드 만들기 및 저장

:: 새로운 아트보드 만들기

[File(파일)]−[New(새로 만들기)] 메뉴를 실행하여 문제에서 제시한 Width(폭)와 Height(높이) 값을 입력하고, Units(단위)는 Millimeters(밀리미터)를 지정, Image Mode(색상 모드)는 CMYK를 설정합니다.

❶ **탬플릿** : Adobe Stock에서 제공하는 다양한 템플릿을 사용하여 문서를 만들 수 있습니다.

❷ 문서의 이름을 입력합니다. 저장 시 입력하는 파일명입니다.

❸ **Width(폭), Height(높이), Units(단위)** : 문서의 가로, 세로 크기를 설정하고, 단위를 지정합니다.

❹ **Orientation(방향)** : 문서의 가로, 세로 방향을 설정합니다.

❺ **Artboards(아트보드)** : 문서의 개수를 설정할 수 있습니다.

❻ **Bleed(도련)** : 문서의 여백을 설정합니다.

❼ **Advanced Options(고급 옵션)**

− Color Mode(색상 모드) : 인쇄용은 'CMYK', 웹용은 'RGB', 색상 모드를 지정합니다.

− Raster Effects(래스터 효과) : 해상도를 지정합니다.

− Preview Mode(미리보기 모드) : 미리보기 상태를 지정합니다. '픽셀'을 선택하면 벡터 이미지를 비트맵 상태로 볼 수 있고, '중복인쇄'를 선택하면 인쇄되었을 때의 상태를 미리 보여줍니다.

❽ **More Settings(추가 설정)** : 예전 버전 형식으로 추가로 옵션을 지정할 수 있습니다.

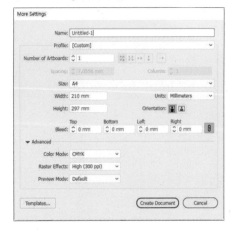

➔ 답안 작성요령
- 조건에서 주어진 단위는 'mm(밀리미터)'입니다. 눈금자는 작성하지 않으며, 그 외는 출력형태(레이아웃, 색상, 문자, 규격 등)와 같게 작업하십시오.
- Image Mode(이미지 모드)는 별도의 처리조건이 없을 경우에는 CMYK로 작업하십시오.

:: 파일 저장하기 ||||||||||||||||||||||||||||||||||||||||||||||||||||||||||||||||||||||||||||||||||||

[File(파일)]-[Save(저장)] 또는 [Save As(다른 이름으로 저장)] 메뉴를 실행하여 '내 PC₩문서₩GTQ' 폴더 안에 파일 이름과 파일 형식 등을 지정하고 저장합니다. 신버전에서는 사용자의 컴퓨터와 클라우드 중 선택하여 파일을 저장할 수 있도록 버튼이 따로따로 있습니다.

➔ 수험자 유의사항
- 파일명은 본인의 "수험번호-성명-문제번호"로 공백 없이 정확히 입력하고 답안폴더(내 PC₩문서₩GTQ)에 ai 파일 포맷으로 저장해야 하며, 다른 파일 형식으로 저장하였을 경우 0점 처리됩니다. 답안문서 파일명이 "수험번호-성명-문제번호"와 일치하지 않거나, 답안 파일을 전송하지 않아 미제출로 처리될 경우 불합격 처리됩니다.
- 수험자 정보와 저장한 파일명, 저장 위치가 다를 경우 전송이 되지 않으므로, 주의하시기 바랍니다.

:: Tool(도구) 익히기

일러스트레이터에서 오브젝트 작업을 위해 자주 사용하는 도구들을 모아놓은 곳으로, 이전 버전에 비해 새롭게 추가된 도구와 옵션 사항들이 늘어났으므로 도구에 따른 사용법과 옵션 사항에 대하여 충분히 이해해 두어야 합니다.

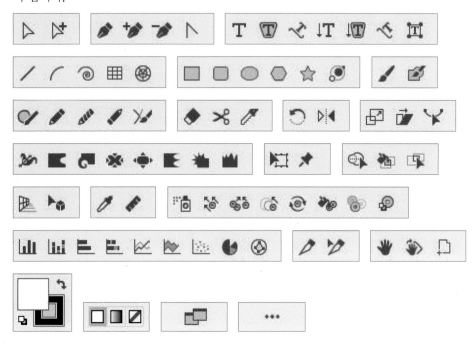

01. Selection Tool(선택 도구) : 오브젝트의 고정점과 패스를 모두 선택합니다.

02. Direct Selection Tool(직접 선택 도구) : 오브젝트의 고정점과 패스를 선택하여 모양을 수정합니다.
   Group Selection Tool(그룹 선택 도구) : 그룹으로 묶인 오브젝트를 선택합니다.

03. Magic Wand Tool(자동 선택 도구) : 속성이 유사한 오브젝트를 한 번에 선택합니다.

04. Lasso Tool(올가미 도구) : 마우스를 자유롭게 드래그하여 고정점과 패스를 선택합니다.

05. Pen Tool(펜 도구) : 오브젝트를 그릴 때 사용합니다.
   Add Anchor Point Tool(고정점 추가 도구) : 패스에 고정점을 추가합니다.
   Delete Anchor Point Tool(고정점 삭제 도구) : 패스에 고정점을 추가합니다.
   Anchor Point Tool(고정점 도구) : 고정점의 방향선을 변경합니다.

06. Curvature Tool(곡률 도구) : 고무줄 미리 보기 기능을 사용하여 곡선을 단순하고 쉽게 그릴 수 있습니다.

07. Type Tool(문자 도구) : 문자를 입력합니다.
   Area Type Tool(영역 문자 도구) : 오브젝트 영역 안에 문자를 입력합니다.
   Type on a Path Tool(패스 상의 문자 도구) : 패스를 따라 흐르는 문자를 입력합니다.
   Vertical Type Tool(세로 문자 도구) : 세로 문자를 입력합니다.
   Vertical Area Type Tool(세로 영역 문자 도구) : 오브젝트 영역 안에 세로 문자를 입력합니다.
   Vertical Type on a Path Tool(패스 상의 세로 문자 도구) : 패스를 따라 흐르는 세로 문자를 입력합니다
   Touch Type Tool(문자 손질 도구) : 문자 작성 후 한 글자의 위치를 수정하거나 회전 등의 변화를 줄 수 있습니다.

08. Line Segment Tool(선분 도구) : 마우스를 드래그하여 직선을 그립니다.

    Arc Tool(호 도구) : 부채꼴 모양의 호 모양을 그립니다.

    Spiral Tool(나선형 도구) : 나선형 모양을 그립니다.

    Rectangular Grid Tool(사각형 격자 도구) : 사각형 모양의 격자를 그립니다.

    Polar Grid Tool(극좌표 격자 도구) : 원형 그리드를 그립니다.

09. Rectangle Tool(사각형 도구) : 사각형을 그립니다.

    Rounded Rectangle Tool(둥근 사각형 도구) : 모서리가 둥근 사각형을 그립니다.

    Ellipse Tool(원형 도구) : 원형을 그립니다.

    Polygon Tool(다각형 도구) : 다각형을 그립니다.

    Star Tool(별모양 도구) : 별 모양을 그립니다.

    Flare Tool(플레어 도구) : 빛 효과를 그립니다.

10. Paintbrush Tool(페인트브러쉬 도구) : 다양한 붓 효과를 이용하여 모양을 그립니다.

    Blob Brush Tool(물방울 브러쉬 도구) : 마우스를 자유롭게 드래그하여 곡선을 그립니다.

11. Shaper 도구 : 마우스를 자유롭게 드래그하여 벡터 모양으로 전환 시킵니다.

    Pencil Tool(연필 도구) : 마우스를 자유롭게 드래그하여 곡선을 그립니다.

    Smooth Tool(매끄럽게 도구) : 고정점을 변경하여 선을 부드럽게 만들어 줍니다.

    Path Eraser Tool(패스 지우개 도구) : 마우스를 자유롭게 드래그하여 패스를 지워줍니다.

    Join Tool(연결 도구) : 패스와 패스를 연결합니다.

12. Eraser Tool(지우개 도구) : 마우스를 자유롭게 드래그하여 개체의 일부분을 지워줍니다.

    Scissors Tool(가위 도구) : 패스에 고정점을 추가하여 잘라줍니다.

    Knife Tool(칼 도구) : 마우스를 자유롭게 드래그하여 개체를 분리시켜 줍니다.

13. Rotate Tool(회전 도구) : 오브젝트를 회전시킵니다.

    Reflect Tool(반사 도구) : 오브젝트를 반사 시킵니다.

14. Scale Tool(크기 조절 도구) : 오브젝트의 크기를 조절합니다.

    Shear Tool(기울이기 도구) : 오브젝트에 기울이기를 적용합니다.

    Reshape Tool(모양 변경 도구) : 고정점을 추가시켜 모양을 변형합니다.

15. Width Tool(폭 도구) : 선 일부분의 두께를 조절합니다.

    Warp Tool(변형 도구) : 오브젝트를 왜곡시킵니다.

    Twirl Tool(돌리기 도구) : 오브젝트를 소용돌이 모양으로 왜곡시킵니다.

    Pucker Tool(오목 도구) : 마우스를 클릭한 방향으로 고정점이 모여 축소됩니다.

    Bloat Tool(볼록 도구) : 오목 도구와 반대로 팽창합니다.

    Scallop Tool(조개 도구) : 오브젝트의 안쪽이 부채꼴 모양으로 왜곡됩니다.

    Crystallize Tool(수정화 도구) : 오브젝트의 바깥쪽이 부채꼴 모양으로 왜곡됩니다.

    Wrinkle(주름 도구) : 오브젝트에 주름이 생긴 것처럼 변형됩니다.

16. Free Transform Tool(자유 변형 도구) : 오브젝트의 모양을 자유롭게 변형시킬 수 있습니다.

    Puppet Warp Tool(퍼펫 뒤틀기 도구) : 오브젝트를 비틀고 왜곡시키는 등 변형이 자유롭습니다.

17. Shape Builder Tool(도형 구성 도구) : 오브젝트를 합치거나 제외시켜 간단하게 표현할 수 있는 도구입니다.

    Live Paint Bucket(라이브 페인트 통) : 페인트 그룹을 만들어 색상 작업을 쉽게 할 수 있습니다.

    Live Paint Selection Tool(라이브 페인트 선택 도구) : 라이브 페인트 그룹을 선택합니다.

18. Pespective Grid Tool(원근감 격자 도구) : 원근감 격자를 이용하여 오브젝트를 입체적으로 그릴 수 있습니다.

    Perspective Selection Tool(원근감 선택 도구) : 오브젝트를 복사하거나 이동시켜 원근감을 적용합니다.

19. Mesh Tool(망 도구) : 메시 고정점을 만들어 다양한 색상을 적용합니다.

20. Gradient Tool(그라디언트 도구) : 그라디언트 색상을 적용합니다.

21. Eyedropper Tool(스포이드 도구) : 오브젝트의 다양한 속성을 추출합니다.

    Measure Tool(측정 도구) : 거리와 크기, 각도를 측정합니다.

22. Blend Tool(블렌드 도구) : 두 개 이상의 오브젝트가 자연스럽게 변화되도록 중간단계를 생성합니다.

23. Symbol Sprayer Tool(심볼 분무기 도구) : 심볼을 스프레이처럼 뿌려줍니다.
Symbol Shifter Tool(심볼 이동기 도구) : 심볼의 위치를 이동시킵니다.
Symbol Scruncher Tool(심볼 분쇄기 도구) : 심볼을 모으거나 흩어지게 합니다.
Symbol Sizer Tool(심볼 크기 조절기 도구) : 심볼의 크기를 변형시킵니다.
Symbol Spinner Tool(심볼 회전기 도구) : 심볼을 회전시킵니다.
Symbol Stainer Tool(심볼 염색기 도구) : 심볼에 색상을 적용합니다.
Symbol Screener Tool(심볼 투명기 도구) : 심볼에 투명도를 조절합니다.
Symbol Styler Tool(심볼 스타일기 도구) : 심볼에 스타일을 적용합니다.

24. Column Graph Tool(막대 그래프 도구) : 세로 방향 막대 그래프를 만듭니다.
Stacked Column Graph Tool(누적 막대 그래프 도구) : 비교되는 두 개의 값을 하나의 막대에 누적해서 보여줍니다.
Bar Graph Tool(가로 막대 그래프 도구) : 가로 방향 막대 그래프를 만듭니다.
Stacked Bar Graph Tool(가로 누적 막대 그래프 도구) : 비교되는 두 개의 값을 하나의 세로 막대에 누적해서 보여줍니다.
Line Graph Tool(선 그래프 도구) : 데이터의 변화율을 쉽게 알 수 있도록 점으로 표시되어 점과 점을 직선으로 연결합니다.
Area Graph Tool(영역 그래프 도구) : 영역으로 데이터를 표현합니다.
Scatter Graph Tool(산포 그래프 도구) : 점으로 데이터를 표현합니다.
Pie Graph Tool(파이 그래프 도구) : 파이 모양의 원으로 데이터를 보여줍니다.
Radar Graph Tool(레이더 그래프 도구) : 중앙 지점에 상대값을 나타냅니다.

25. Artboard Tool(대지 도구) : 새로운 아트보드를 추가하거나 크기를 조절합니다.

26. Slice Tool(분할 영역 도구) : 문서를 여러 개의 영역으로 나눕니다.
Slice Selection Tool(분할 영역 선택 도구) : 분할된 영역을 선택합니다.

27. Hand Tool(손 도구) : 작업 중 화면을 이동합니다.
Rotate View Tool(회전 보기 도구) : 캔버스의 원하는 위치에서 드래그하여 방향을 변경할 수 있습니다.
Print Tiling Tool(타일링 인쇄 도구) : 인쇄 영역을 설정합니다.

28. Zoom Tool(돋보기 도구) : 화면의 크기를 확대하거나 축소합니다.

29. 칠과 선 : 오브젝트에 면색과 선 색을 설정합니다.

30. 그리기 모드 : 기존에 그려진 오브젝트의 내부 또는 배경으로 새로운 오브젝트를 그릴 수 있습니다.

31. 화면 모드 : 화면 모드를 4가지 형태로 전환합니다.

32. 도구 모음 편집 : 사용자가 원하는 도구를 직접 편집하여 사용할 수 있습니다.

:: Selection Tool(선택 도구) ▶ ||||||||||||||||||||||||||||||||||||||||||||||||||

Selection Tool(선택 도구)은 오브젝트의 영역을 선택하는 도구로써 원하는 영역의 포인트나 패스를 클릭하거나 드래그하여 선택합니다. 선택된 오브젝트에 색상을 변경하거나 이동, 복사 등을 하고자 할 경우 사용하는 매우 중요한 도구입니다. 오브젝트를 복사하고자 할 경우에는 Alt 키를 누른 채 드래그하면 되고, 동시에 Shift 키를 같이 눌러주게 되면 수평, 수직, 45° 방향으로 정확하게 이동합니다. 또한 크기를 조절할 때도 Shift 키를 누른 채 Bounding Box(테두리 상자)의 모서리 부분을 드래그하면 정비례로 크기를 조절할 수 있습니다.

[Alt + 드래그]　　　　　　　　　　　　[Shift +드래그, 회전]

➦ Bounding Box(테두리 상자)
선택 도구로 선택한 오브젝트를 둘러싸는 8개의 조절 핸들로 이루어진 사각형 박스로 오브젝트의 크기를 조절하거나 회전 등의 기본적인 변형 작업을 할 수 있습니다. 만일 Selection Tool(선택 도구)로 오브젝트를 선택하였을 때 Bounding Box(테두리 상자)가 보이지 않는다면 [View(보기)] 메뉴에서 Show Bounding Box(테두리 상자 표시)를 클릭하여 불러오면 됩니다.

:: Direct Selection Tool(직접 선택 도구) ▷ ||||||||||||||||||||||||||||||||||||||||||

Direct Selection Tool(직접 선택 도구)은 Selection Tool(선택 도구)과 비슷한 기능이지만 오브젝트의 고정점을 개별적으로 선택하여 모양을 변형시키거나 이동, 삭제할 수 있는 수정 도구입니다.

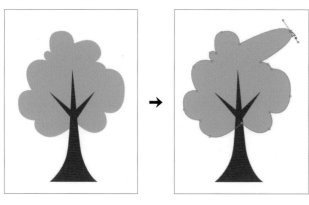

◆ Corner Widget(모퉁이 위젯)

선택 도구로 오브젝트를 선택하면 모퉁이 위젯이 활성화되어 곡선 모양으로 쉽게 변형시킬 수 있습니다. Direct Selection Tool(직접 선택 도구)을 사용하면 선택된 고정점 부분만을 수정할 수도 있습니다. 만일, 모퉁이 위젯이 보이지 않을 경우에는 [View(보기)] 메뉴에서 'Show Corner Widget(모퉁이 위젯 표시)'를 실행하여 활성화하고 또한 Bounding Box(테두리 상자)를 표시해야 합니다. 모퉁이 위젯 기능을 사용하여 다양한 모퉁이 모양으로 변형시켜 활용할 수 있는 기능입니다.

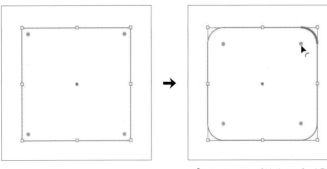
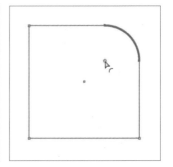

[Selection Tool(선택 도구) 사용]　　[Direct Selection Tool(직접 선택 도구) 사용]

:: Pen Tool(펜 도구)

드로잉 프로그램인 일러스트레이터에서 가장 많이 사용하는 도구로써 직선과 곡선으로 된 패스를 그려 오브젝트를 만들 수 있는 가장 중요한 도구입니다. 직선을 그릴 때 Shift 키를 함께 사용하면 곧은 직선을 그릴 수 있습니다.

◆ 베지어 곡선

고정점과 고정점을 연결하여 패스를 만들고, 이 패스가 이어져 오브젝트가 만들어지게 됩니다.

❶ Anchor Point(고정점) : 펜 도구로 클릭했을 때 만들어지는 작은 사각형 모양의 점
❷ Segment(패스) : 고정점과 고정점 사이를 연결하는 직선, 사선, 곡선
❸ Direction Point(방향점) : 곡선을 그릴 때 고정점을 중심으로 만들어지는 두 개의 점
❹ Direction Line(방향선) : 곡선을 그릴 때 고정점과 방향점을 이어주는 선으로 베지어 곡선의 형태를 조절하는 선

:: Add Anchor Point Tool(고정점 추가 도구)

오브젝트에 고정점을 추가하여 모양을 변형하거나 수정할 수 있는 도구입니다. 그리고 도구에서 고정점 추가 도구를 선택하지 않아도 선택된 오브젝트의 패스에 마우스를 위치시키면 자동으로 고정점 추가 도구가 활성화되기도 합니다.

:: Delete Anchor Point Tool(고정점 삭제 도구)

Add Anchor Point Tool(고정점 추가 도구)과 반대로 오브젝트의 고정점을 삭제하여 모양을 변형하거나 수정할 수 있는 도구 입니다.

:: Anchor Point Tool(고정점 도구)

Anchor Point Tool(고정점 도구)은 오브젝트의 고정점이 가지고 있는 방향 설정을 전환시키는 도구입니다. 마우스로 고정점을 클릭한 채 드래그하여 직선을 곡선의 형태로, 또는 클릭만으로 곡선을 직선의 형태로 변경할 수 있습니다. 또한 방향점을 드래그하여 고정점 반대쪽의 곡선에 영향을 주지 않고 모양을 수정할 수도 있습니다.

:: Corvature Tool(곡률 도구)

Corvature Tool(곡률 도구)는 패스 생성을 단순화하고 신속하고 정밀하게 그리기 쉽도록 새롭게 추가된 도구로써 펜 도구와 곡률 도구는 기본적으로 고무줄 기능이 켜져 있어 앞서 클릭한 고정점에서 연결되는 패스의 방향을 파악하고 용이하게 작업할 수 있습니다. 만일 이 기능을 사용하지 않으려면 [Edit(편집)]–[Preferences (환경 설정)]–[Selection & Anchor Display(선택 및 고정점 표시)] 메뉴에서 대화상자 하단에 'Enable Rubber Band for(고무줄 사용 대상)'에서 체크를 해제하면 됩니다.

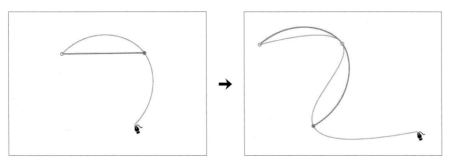

:: Type Tool(문자 도구) T ||||||||||||||||||||||||||||||||||||||||||||||||||||||||||||||||||

아트보드에 가로 방향으로 문자를 입력하는 도구입니다. 최신 버전에서는 문자 도구를 사용하면 기본적으로 자리표시자 텍스트가 입력됩니다. 자리표시자 텍스트가 입력되지 않도록 하기 위해서는 [Edit(편집)]- [Preferences(환경 설정)]-[Type(문자)] 대화상자에서 'Fill New Type Objects With Placeholder Text(새 유형의 개체를 자리표시자 텍스트로 채우기)' 항목의 체크를 해제하면 됩니다.

Graphic
Technology
Qualification

:: Area Type Tool(영역 문자 도구) ▨ ||||||||||||||||||||||||||||||||||||||||||||||||||||||||||||

오브젝트 영역 안쪽에 문자를 입력할 수 있는 도구입니다. 이때 오브젝트의 색상은 없어지기 때문에 만일 오브젝트에 면 색이나 선 색을 적용하고자 할 경우에는 오브젝트를 하나 더 복사한 후 문자를 입력합니다.

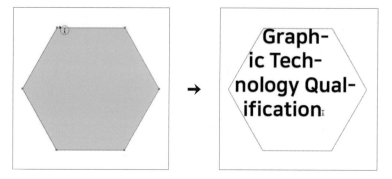

:: Type on a Path Tool(패스 상의 문자 도구) ✎ |||||||||||||||||||||||||||||||||||||||||||||||||

Type on a Path Tool(패스 상의 문자 도구)은 오브젝트의 외곽선을 따라 문자를 입력합니다. 입력된 문자의 방향을 수정하려면 중간 조절점을 오브젝트 안쪽으로 드래그하여 방향을 변경할 수 있습니다.

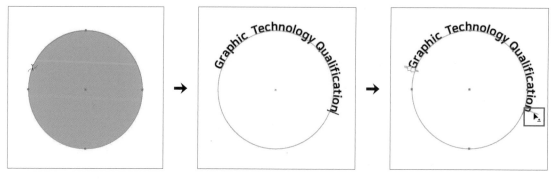

일러스트레이터

→ 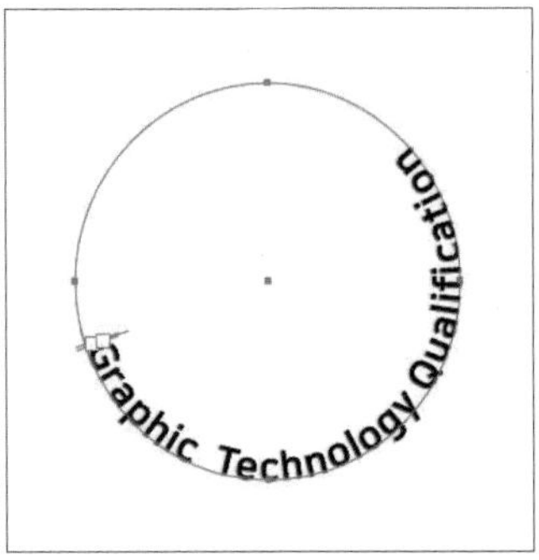
Graphic Technology Qualification

:: Vertical Type Tool(세로 문자 도구)

문자를 세로 방향으로 입력할 수 있는 도구입니다.

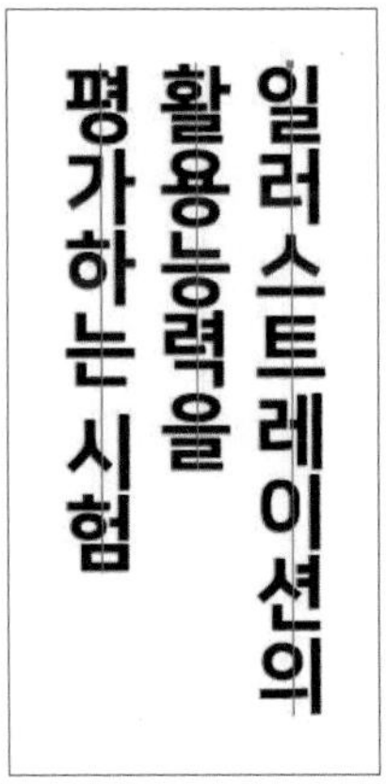
일러스트레이션의
활용능력을
평가하는 시험

:: Vertical Area Type Tool(세로 영역 문자 도구)

Area Type Tool(영역 문자 도구)과 동일하게 오브젝트의 안쪽에 문자를 입력하는 도구로써 세로 방향으로 입력하게 됩니다.

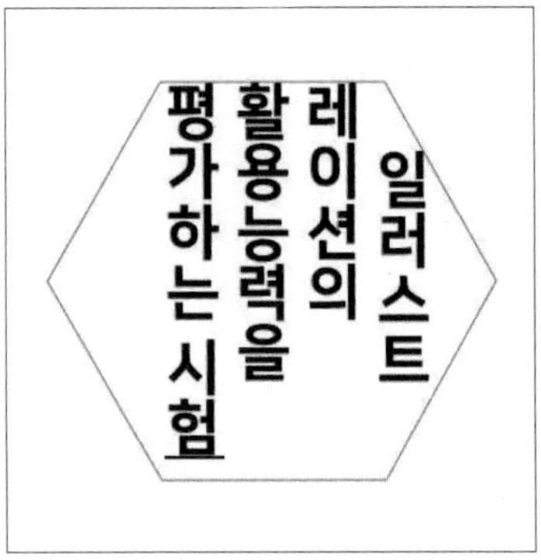
일러스트
레이션의
활용능력을
평가하는 시험

:: Vertical Type on a Path Tool(패스 상의 세로 문자 도구)

Type on a Path Tool(패스 상의 문자 도구)과 비슷한 기능으로 오브젝트의 외곽선을 따라서 세로로 문자를 입력합니다.

:: Touch Type Tool(문자 손질 도구)

문자 손질 도구는 CC에서부터 새롭게 추가된 기능으로 문자를 작성한 후 한 문자의 위치를 수정하거나 회전 등의 변화를 주고자 할 경우 사용하는 도구로써 기존에는 오브젝트화 시켜 수정하곤 하였는데. 이 도구를 사용하게 되면 문자 상태 그대로 내용을 수정할 수 있습니다.

[선택]

[이동]

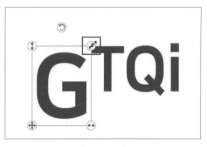

[크기 조절]

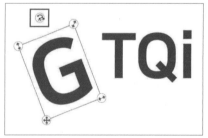

[회전]

:: Line Segment Tool(선분 도구) ／ ‖‖‖‖‖‖‖‖‖‖‖‖‖‖‖‖‖‖‖‖‖‖‖‖‖‖‖‖‖‖‖‖‖‖‖‖

선분 도구는 직선, 수평, 수직, 사선 등을 그릴 때 사용하는 도구입니다. 선을 그을 때 Shift 키를 누른 채 드래그하면 정확하게 수평, 수직, 45° 각도로 직선을 그릴 수 있습니다.

❶ Length(길이) : 선의 길이를 입력합니다.
❷ Angle(각도) : 선의 기울기를 조절합니다.
❸ Fill Line(선 채우기) : 이 항목을 체크하게 되면 그려지는 선에 지정된 색상이 채워집니다.

:: Arc Tool(호 도구) ⌐ ‖‖‖

호 도구는 열린 패스와 닫힌 패스의 원호 모양을 다양하고 쉽게 그릴 수 있는 도구입니다.

 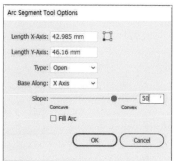

❶ Length X-Axis/Y-Axis(X축 길이/Y축 길이) : X축과 Y축 방향의 길이를 지정합니다.
❷ Type(유형) : 열린 원호 또는 닫힌 원호 모양을 선택할 수 있습니다.
❸ Base Along(기준) : 호의 방향을 지정합니다.
❹ Slope(슬로프) : 호의 슬로프 방향을 지정합니다.
❺ Fill Arc(호 채우기) : 이 항목을 체크하면 면 색이 채워진 채로 그려지게 됩니다.

:: Spiral Tool(나선형 도구)  ||||||||||||||||||||||||||||||||||||||||||||||||||||||||||||

나선형 도구는 소용돌이 모양의 오브젝트를 그릴 수 있는 도구입니다.

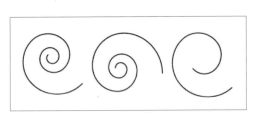

❶ Radius(반경) : 중심에서 바깥쪽 끝점까지의 거리를 입력합니다.
❷ Decay(감소) : 회전하면서 퍼져나가는 정도를 조절합니다.
❸ Segments(선분) : 나선을 구성하는 세그먼트의 개수를 조절합니다.
❹ Style(스타일) : 회전하는 방향을 지정합니다.

일러스트레이터

:: Rectangular Grid Tool(사각형 격자 도구) ⊞ ||||||||||||||||||||||||||||||||||||||||||||||||||||||

사각 형태의 표를 만들 수 있는 도구입니다.

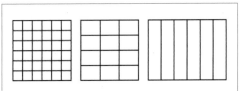

❶ Default Size(기본 크기) : 사각 그리드의 시작 위치 지정과 가로, 세로 길이를 입력합니다.
❷ Horizontal Dividers(가로 분할자) : 그리드의 가로로 분할되는 선의 개수와 치우치는 정도를 설정합니다.
❸ Vertical Dividers(세로 분할자) : 그리드의 세로로 분할되는 선의 개수와 치우치는 정도를 설정합니다.
❹ Use Outside Rectangle As Frame(프레임으로 외부 사각형 사용) : 위, 아래, 왼쪽 및 오른쪽 패스를 별개의 사각형 오브젝트로 교체
   합니다.
❺ Fill Grid(격자 채우기) : 지정된 면 색을 채워 그려줍니다.

:: Polar Grid Tool(극좌표 격자 도구) ⊛ |||||||||||||||||||||||||||||||||||||||||||||||||||||||||||||||||||||||||||||||||||

극좌표 격자 도구는 동심원을 그리거나 방사선 형태의 그리드를 그릴 수 있습니다.

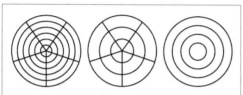

❶ Default Size(기본 크기) : 원형 그리드의 시작 위치 지정과 가로, 세로 길이를 입력합니다.
❷ Concentric Dividers(동심 분할자) : 동심원의 분할 개수와 치우치는 정도를 설정합니다.
❸ Radial Dividers(방사형 분할자) : 방사형 분할 선의 개수와 치우치는 정도를 설정합니다.
❹ Create Compound Path From Ellipses : 동심원을 별도의 컴파운드 패스로 변환하고 다른 모든 원을 칠합니다.
❺ Fill Grid(격자 채우기) : 지정된 면 색을 채워 그려줍니다.

:: Rectangle Tool(사각형 도구) ▢ |||||||||||||||||||||||||||||||||||||||||||||||||||||||||||||||||||||||||||||||||||||||||||

사각형 모양의 오브젝트를 그릴 때 사용하는 도구로서 마우스를 드래그하거나 아트보드의 임의의 영역에
마우스를 클릭하여 나타나는 대화상자에서 가로와 세로 크기를 입력하여 사각형을 만들 수 있습니다. 또한
사각형을 그릴 때 Shift 키를 누른 채 드래그하면 정사각형이 만들어지고, Alt 키를 함께 사용하면 마우스를
클릭한 부분이 중심이 되게 그려집니다.

❶ Width(너비) : 가로 크기를 입력합니다.
❷ Height(높이) : 세로 크기를 입력합니다.
❸ Constrain Width and Height Proportions(폭 및 높이 비율을 제한합니다) : 이 아이콘이 활성화되어 있으면 가로나 세로 한쪽 값만 입력
해도 동일한 값으로 입력됩니다.

:: Rounded Rectangle Tool(둥근 사각형 도구) ▢ ||||||||||||||||||||||||||||||||||||||||||||

둥근 사각형 도구는 모서리가 둥근 사각형 모양의 오브젝트를 그릴 때 사용하는 도구입니다. 대화상자에서
모서리의 둥글기 정도 값을 조절하여 사용하거나 마우스를 드래그할 때 키보드의 ↑, ↓ 방향키를 누르면서
모서리의 굴림 정도 값을 조절하여 쉽게 그릴 수 있습니다.

❶ Width(너비) : 가로 크기를 입력합니다.
❷ Height(높이) : 세로 크기를 입력합니다.
❸ Corner Radius(모퉁이 반경) : 모서리의 둥글기 정도를 조절합니다.

:: Ellipse Tool(원형 도구) ◯ ||||||||||||||||||||||||||||||||||||||||||||||||||||||||

정원이나 타원 모양의 오브젝트를 그릴 때 사용하는 도구로서 정사각형이나 정원을 그리고자 할 경우에는
Shift 키를 누른 채 드래그하면 됩니다. 이때 Alt 키를 함께 눌러주면 마우스로 클릭한 부분이 중심이 됩니다.

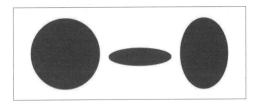 

❶ Width(너비) : 원의 가로 크기를 입력합니다.
❷ Height(높이) : 원의 세로 크기를 입력합니다.
❸ Constrain Width and Height Proportions(폭 및 높이 비율을 제한합니다) : 이 아이콘이 활성화되어 있으면 가로나 세로 한쪽 값만 입력
해도 동일한 값으로 입력됩니다.

:: Polygon Tool(다각형 도구) ⬡ |||||||||||||||||||||||||||||||||||||||||||||||||||||||

다각형 도구는 사용자가 원하는 다각형 모양의 오브젝트를 그릴 때 사용하는 도구입니다. 다각형을 그릴 때
드래그 하는 도중에 키보드의 ↑, ↓ 방향키를 누르면 면의 개수를 추가하거나 삭제하면서 쉽게 그릴 수
있습니다.

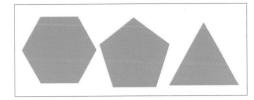 

❶ Radius(반경) : 다각형의 반지름을 입력합니다.
❷ Sides(면) : 다각형 면의 수를 입력합니다.

일러스트레이터

:: Star Tool(별모양 도구) ☆ ||||||||||||||||||||||||||||||||||||||||||||||||||||||||||||||

별 모양의 오브젝트를 그릴 때 사용하는 도구로써 별 모양 또한 드래그 하는 도중에 키보드의 ↑, ↓ 방향키를 누르면 꼭짓점 개수를 추가하거나 삭제하면서 다양한 모양으로 쉽게 그릴 수 있습니다.

❶ Radius 1(반경 1) : 별의 바깥 부분 반지름을 입력합니다.
❷ Radius 2(반경 2) : 별의 안쪽 부분 반지름을 입력합니다.
❸ Points(점) : 별의 포인트 개수를 입력합니다.

:: Flare Tool(플레어 도구) ⊙ ||||||||||||||||||||||||||||||||||||||||||||||||||||||||||||

플레어 도구는 렌즈 조명 효과를 줄 수 있는 도구입니다. 광선이나 빛 효과를 대부분 비트맵 이미지 방식인 포토샵에서 주로 작업하였지만 벡터 방식인 일러스트레이터에서 플레어 도구를 사용하여 다양한 빛 효과를 적용할 수 있습니다.

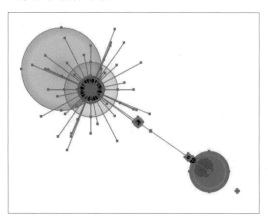

:: Paintbrush Tool(페인트브러쉬 도구) ✏️ ||||||||||||||||||||||||||||||||||||||||||||||||

Brushes(브러쉬) 패널에서 브러쉬의 종류를 지정한 후 마우스로 자유롭게 드래그하여 독특한 외곽선을 그릴 수 있는 도구입니다. 다양한 모양의 브러시가 저장되어 있는 Brush Libraries Menu(브러쉬 라이브러리 메뉴)에서 원하는 브러쉬 종류를 불러와 사용이 가능하며, 직접 등록하여 사용할 수도 있습니다.

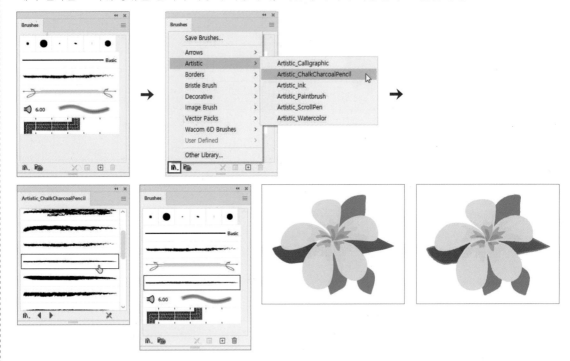

:: Blob Brush Tool(물방울 브러쉬 도구) 🖌️ ||||||||||||||||||||||||||||||||||||||||||||||||

물방울 브러쉬 도구는 마우스를 채색하듯이 자유롭게 드래그하여 면 속성의 오브젝트를 만들 수 있는 도구로 동일한 색상으로 채색이 될 경우에는 기존 오브젝트와 합쳐지게 되고, 다른 색상일 경우에는 개별적으로 만들어집니다.

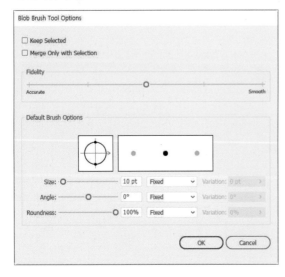

일러스트레이터

❶ Keep Selected(선택 유지) : 병합된 오브젝트를 그리면 모든 오브젝트가 선택되어 그리는 동안 선택 상태를 유지합니다.
❷ Merge Only with Selection(선택 항목만 병합) : 새로운 오브젝트가 기존에 선택된 오브젝트와 통합되도록 지정합니다. 이 옵션을 선택하는 경우 새 오브젝트가 선택되지 않은 교차하는 다른 오브젝트와는 병합되지 않습니다.
❸ Fidelity(정확도) : 마우스가 이동하는 정확도를 조절합니다.
❹ Size(크기) : 브러쉬의 크기를 조절합니다.
❺ Angle(각도) : 브러쉬의 회전 각도를 설정합니다.
❻ Roundness(원형율) : 브러쉬의 원형율을 조절합니다.

:: Shaper Tool(Shaper 도구)

Shaper 도구는 대략적으로 마우스를 드래그하여 도형 모양을 그려주면 정확한 모양으로 오브젝트가 만들어지는 도구입니다.

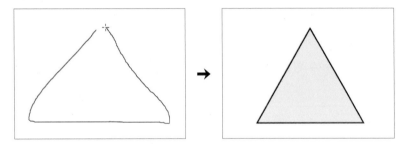

:: Pencil Tool(연필 도구)

마우스로 드래그하여 자유로운 형태의 패스를 그릴 수 있는 도구입니다. 하지만 불필요한 포인트가 많아져 용량이 커진다는 단점이 있습니다.

:: Smooth Tool(매끄럽게 도구)

매끄럽게 도구는 Pen Tool(펜 도구), Pencil Tool(연필 도구) 등으로 그려진 오브젝트의 패스를 좀 더 부드럽게 표현할 수 있는 도구입니다.

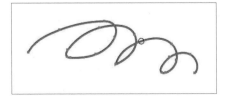

:: Path Eraser Tool(패스 지우개 도구) ✏️ ‖‖‖‖‖‖‖‖‖‖‖‖‖‖‖‖‖‖‖‖‖‖‖‖‖‖‖‖‖‖‖‖‖‖

오브젝트의 패스를 부분적으로 삭제할 수 있는 도구로써 삭제된 후에는 오브젝트가 연결되지 않고 끊어지게
됩니다.

:: Eraser Tool(지우개 도구) ◆ ‖‖

오브젝트의 면과 선에 관계없이 무조건 삭제할 수 있는 도구로서 해당 도구를 더블클릭하여 원하는 브러쉬
크기를 지정한 후 드래그하여 삭제합니다.

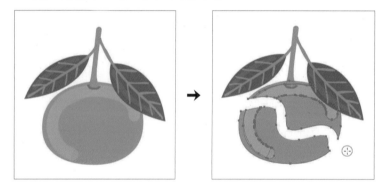

:: Scissors Tool(가위 도구) ✂️ ‖‖

오브젝트를 자르는 도구로써 패스에 고정점을 추가하여 연결되지 않는 열린 패스로 잘라줍니다.

:: Knife Tool(칼 도구) 🖊 ‖‖‖‖‖‖‖‖‖‖‖‖‖‖‖‖‖‖‖‖‖‖‖‖‖‖‖‖‖‖‖‖‖‖‖

가위 도구와 비슷한 기능이지만 마우스를 자유롭게 드래그하여 닫힌 패스로 오브젝트를 나눠줍니다. 칼 도구 사용 시 수직, 수평, 45° 방향으로 정확하게 자르고자 한다면 Shift + Alt 를 누른 상태에서 드래그하면 됩니다.

 →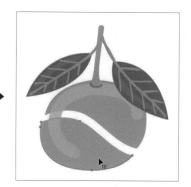

:: Rotate Tool(회전 도구) ↻ ‖‖‖‖‖‖‖‖‖‖‖‖‖‖‖‖‖‖‖‖‖‖‖‖‖‖‖‖‖‖‖‖‖‖

회전 도구는 선택한 오브젝트를 자유롭게 회전시킬 수 있는 도구로써 옵션 대화상자를 통하여 정확한 각도를 입력하여 회전 가능합니다.

 →

❶ Angle(각도) : 회전시킬 각도를 입력합니다.
❷ Transform Objects(개체 변형) : 패턴은 그대로인 채 오브젝트만을 회전시킵니다.
❸ Transform Patterns(패턴 변형) : 오브젝트에 적용된 패턴만을 회전시킵니다.
❹ Copy(복사) : 원본은 그대로 두고 오브젝트 하나를 더 복사하여 회전시킵니다.
❺ Preview(미리보기) : 결과를 미리보기 할 수 있습니다.

:: Reflect Tool(반사 도구)

선택한 오브젝트를 반사시키는 도구로써 대화상자에서 중심축 지정과 각도를 입력하여 정확히 반사시킬 수 있습니다. 또한 Alt 키를 눌러 중심축을 이동시켜 한 번에 반사하는 방법도 있습니다.

❶ Horizontal(가로) : 가로축을 중심으로 반사합니다.
❷ Vertical(세로) : 세로축을 중심으로 반사합니다.
❸ Angle(각도) : 반사시킬 각도를 입력합니다.

일러스트레이터

:: Scale Tool(크기 조절 도구)

크기 조절 도구는 선택한 오브젝트를 확대 또는 축소하는 도구로 100%보다 큰 값을 입력하면 오브젝트가 확대되고, 반대로 100%보다 작게 입력하면 축소됩니다.

❶ Uniform(균일) : 가로, 세로의 비율을 동일하게 조절합니다.
❷ Non-Uniform(비균일) : 가로, 세로의 비율을 각각 다르게 조절합니다.
❸ Horizontal(가로) : 가로의 비율을 조절합니다.
❹ Vertical(세로) : 세로의 비율을 조절합니다.
❺ Scale Corners(모퉁이 크기 조절) : 이 항목을 체크하면 크기를 조절할 때 모퉁이의 굴림 정도까지 함께 조절됩니다.
❻ Scale Strokes & Effects(선과 효과 크기 조절) : 이 항목을 체크하게 되면 크기 조절을 할 때 외곽선의 두께와 효과 등도 함께 조절됩니다.

➜ 오브젝트 선의 두께 조절

오브젝트가 면과 선으로 구성된 상태에서 크기 조절 도구를 사용할 때는 테두리 라인의 두께를 고려해야 합니다. Scale Strokes & Effects(선과 효과 크기 조절) 항목을 체크하고 조절하면 테두리의 두께도 함께 조절되고, 체크하지 않으면 두께는 그대로 유지된 채 크기만 조절됩니다.

[원본]　　　　　　　[체크했을 경우]　　　　　　　[체크하지 않았을 경우]

:: Shear Tool(기울이기 도구)

기울이기 도구는 오브젝트를 자유롭게 기울일 수 있는 도구입니다.

❶ Shear Angle(기울이기 각도) : 기울이고자 하는 각도를 입력합니다.
❷ Axis(축) : 기울일 기준 축을 지정합니다.

:: Width Tool(폭 도구)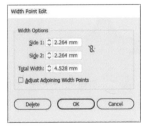

폭 도구는 선 속성으로 두께가 지정된 다양한 선 스타일을 나타낼 수 있습니다. 폭 도구 사용 시 선 위에 마우스를 올리면 핸들과 함께 패스가 나타납니다. 점이나 패스 부분을 더블클릭하면 나타나는 대화상자에서 인접 폭의 너비를 조절할 수 있습니다.

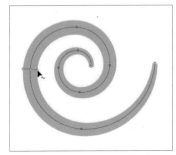

❶ Width Options(폭 옵션) : 너비 점을 기준으로 좌, 우 폭을 개별적으로 조절할 수 있습니다.
❷ Adjust Adjoining Width Points(인접 폭 점 조정) : 이 항목을 체크한 경우 선택한 너비 점을 변경하면 인접한 너비 점에도 영향을 미칩니다.

:: Warp Tool(변형 도구) 외

오브젝트에 특수한 변형을 주는 유동화 도구로써 오브젝트를 다양한 모양으로 표현할 수 있습니다. 변형 도구를 더블클릭하여 브러쉬의 크기를 조절하여 사용하며, Alt 키를 누른 채 드래그하면 브러쉬의 크기와 형태를 조절하면서 사용할 수 있습니다.

[원본]

[warp(변형)]

[Twirl(돌리기)]

[Pucker(오목)]

[Bloat(볼록)]

[Scallop(조개)]

[Crystallize(수정화)]

[Wrinkle(주름)]

:: Free Transform Tool(자유 변형 도구)  ||||||||||||||||||||||||||||||||||||||||||||||||||

오브젝트의 크기 조절, 회전 등의 변형 작업을 테두리 상자를 이용하여 자유롭게 조절할 수 있는 도구로써 Ctrl 키를 누르면 선택한 조절점 부분만 자유롭게 변형시킬 수 있고, Ctrl + Alt 키를 눌러 기울일 수도 있으며, Ctrl + Alt + Shift 키를 누르면 원근감을 표현할 수 있습니다. CC버전 이후로는 도구 패널이 따로 지원돼 단축키를 사용하지 않더라도 사용이 가능해졌습니다.

❶ Constrain(제한) : 키보드의 Shift 키를 누른 것처럼 가로, 세로 같은 비율로 크기를 조절하거나 회전 시 45° 각도로 정확히 회전됩니다.

❷ Free Transform(자유 변형) : 마우스를 드래그한 만큼 자유롭게 모양이 변경됩니다.

❸ Perspective Distort(원근 왜곡) : 좌우 또는 상하 대칭이 되게 원근감을 표현할 수 있습니다.

❹ Free Distort(자유 왜곡) : 테두리 상자의 한쪽 모서리만을 자유롭게 움직일 수 있습니다.

[원본]

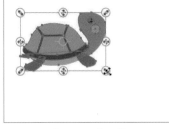

[Constrain(제한)]

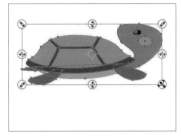

[Free Transform(자유 변형)]

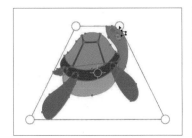

[Perspective Distort(원근 왜곡)]

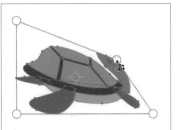

[Free Distort(자유 왜곡)]

45

Illustrator

:: Puppet Warp Tool(퍼펫 뒤틀기 도구) 📌 |||||||||||||||||||||||||||||||||||||||||

퍼펫 뒤틀기 도구는 핀을 추가, 이동 및 회전시켜 오브젝트를 비틀고 왜곡시키는 자연스러운 변형 기능입니다.

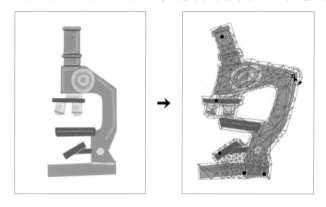

:: Shape Builder Tool(도형 구성 도구) 🔗 |||||||||||||||||||||||||||||||||||||||||

도형 구성 도구는 오브젝트를 합치고, 나누고, 겹치는 부분 등을 추출하는 기능으로 패스파인더 패널의 모양
모드 기능을 손쉽게 사용할 수 있는 기능입니다.

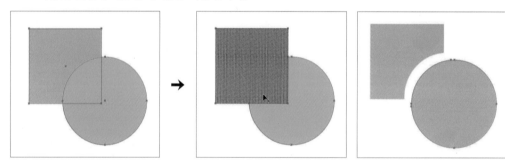

:: Perspective Grid Tool(원근감 격자 도구) 🔲 , Perspective Selection Tool
(원근감 선택 도구) 🔲 |||||||||||||||||||||||||||||||||||||||||

원근감 격자 도구는 오브젝트에 원근감을 표현할 수 있습니다. 또한 원근감 선택 도구는 선택한 오브젝트를
투시 그리드에 맞춰 이동하거나 복사, 또는 모양을 수정할 수 있습니다.

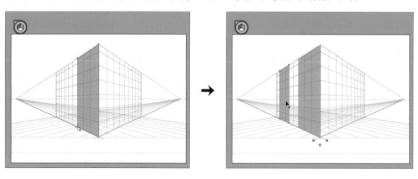

일러스트레이터

:: Mesh Tool(망 도구)

망 도구는 오브젝트에 그물모양의 망점들을 추가하여 각 점마다 색상을 적용할 수 있는 도구입니다.
그라디언트 색상에 비해 표현은 다양하게 할 수 있지만, 표현이 쉽지 않고 용량이 커진다는 단점이 있습니다.
Direct Selection Tool(직접 선택 도구)로 추가된 망점의 위치와 방향선을 드래그하여 형태를 변경하거나
색상을 바꿀 수 있습니다. 망점 삭제는 망 도구가 선택된 상태에서 Alt 키를 누르고 삭제할 망점을 클릭하면
됩니다.

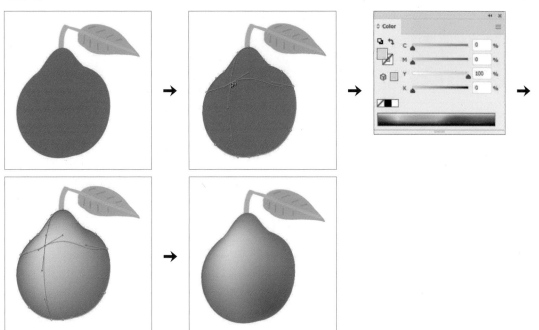

:: Gradient Tool(그라디언트 도구) |||||||||||||||||||||||||||||||||||||||||||||||||||||||||||||||||

그라디언트 도구는 두 가지 이상의 색이 연속적으로 이어지는 효과를 적용할 수 있는 도구로써 패널에서 선형과 방사형, 자유형 그라디언트를 선택하여 적용할 수 있으며 도구를 드래그하여 방향을 조절하여 사용합니다.

일러스트레이터

◆ 그라디언트 주석자

그라디언트 도구를 선택하면 그라디언트 적용 위치와 방향각 슬라이더의 색상과 위치를 세밀하게 조절할 수 있는 주석자가 나타납니다. 만일 주석자가 보이지 않는다면 [View(보기)] 메뉴에서 Show Gradient Annotator(그라디언트 주석자 표시)를 선택하여 사용자가 원하는 환경을 만들어 사용합니다.

– Linear Gradient(선형 그라디언트)

1. 좌측의 원형 조절점을 드래그하면 그라디언트 적용 위치를 조절할 수 있습니다.
2. 우측 조절점 옆에 마우스를 가져가면 회전 조절점이 나타납니다. 이때 드래그하면 드래그 한 방향으로 그라디언트 각도가 조절됩니다.
3. 주석자 위에 마우스를 놓으면 색상 슬라이더가 표시되고 슬라이더의 색상과 위치를 조절할 수 있습니다.

[그라디언트 위치 조절하기]

[그라디언트 회전시키기]

[색상 슬라이더 위치와 색상 변경]

— Radial Gradient(방사형 그라디언트)

1. 방사형 그라디언트를 적용하고 그라디언트 도구를 선택하면 원형 주석자가 나타납니다. 주석자을 드래그하여 위치와 적용 범위를 조절할 수 있습니다. 좌측 원형 조절점을 드래그하면 적용 범위를 정비례로 조절할 수 있습니다.
2. 상단 조절점을 드래그하면 타원 형태로 그라디언트 범위를 조절할 수 있습니다.

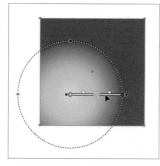
[그라디언트 위치 조절하기]

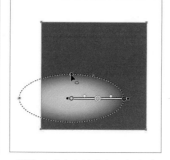
[색상 슬라이더 위치와 모양 변경]

— Freeform Gradient(자유형 그라디언트)

기존의 선형 그라디언트와 방사형 그라디언트 이외에 자유형 그라디언트가 추가되었습니다. 또한 [Window(윈도우)]-[Gradient(그라디언트)]를 실행하지 않고 그라디언트 도구를 더블클릭하여 패널을 빠르게 불러올 수도 있습니다.

1. Points(포인트 모드) : 색상 정지점 주변 영역을 음영 처리합니다.
   ① 하나 이상의 색상 정지점을 추가하려면 개체의 아무 곳이나 클릭합니다.
   ② 색상 정지점의 위치를 변경하려면 색상 정지점을 드래그하여 원하는 위치에 놓습니다.
   ③ 색상 정지점을 삭제하려면 색상 정지점을 개체 영역 밖으로 드래그하거나 그라디언트 패널에서 삭제키를 클릭합니다.

2. Lines(선 모드) : 이 모드를 사용하여 선 주변 영역을 음영 처리합니다.
   ① 오브젝트의 아무 곳이나 클릭하여 선분의 시작점인 첫 번째 색상 정지점을 만듭니다.
   ② 클릭하여 다음 색상 정지점을 만듭니다. 첫 번째 색상 정지점과 두 번째 색상 정지점을 연결하는 직선이 추가됩니다.
   ③ 다시 클릭하여 색상 정지점을 더 만듭니다. 직선이 곡선으로 변합니다.
   ④ 만일 색상 정지점을 삭제하고자 할 경우에는 오브젝트 영역 밖으로 드래그하거나 그라디언트 패널에서 삭제를 클릭합니다.

:: Eyedropper Tool(스포이드 도구) ✎ |||||||||||||||||||||||||||||||||||||||||||||||||||||||

오브젝트에 적용된 색상, 패턴, 그라디언트 등의 속성을 추출, 복사하여 다른 오브젝트에 그대로 적용시키는
도구입니다.

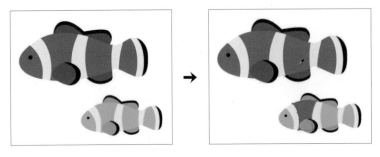

:: Blend Tool(블렌드 도구) 🔧 |||||||||||||||||||||||||||||||||||||||||||||||||||||||

블렌드 도구는 형태나 색상이 다른 두 오브젝트 사이에 변화되어 가는 과정을 만드는 도구로써 면 오브젝트뿐만
아니라 선에도 블렌드 기능을 적용할 수 있습니다. 또한 블렌드 기능은 도구를 사용하여 표현하는 방법도
있지만, [Object(오브젝트)]-[Blend(블렌드)] 메뉴를 활용하여 표현하는 방법도 있습니다.

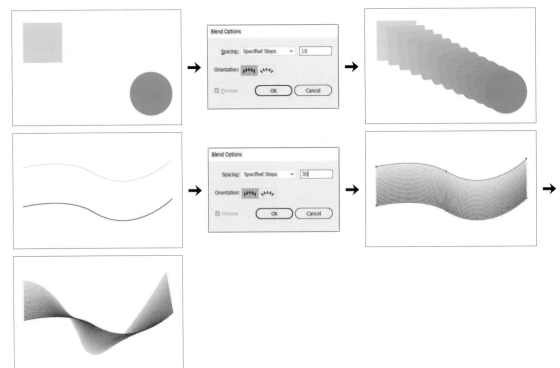

❶ Spacing(간격) : 두 오브젝트가 블렌드 될 때의 중간에 생성되는 간격을 지정하는 방식입니다.
   ⓐ Smooth Color(매끄러운 색상) : 자연스러운 색상의 변화가 있는 오브젝트를 만듭니다.
   ⓑ Specified Steps(지정된 단계) : 두 오브젝트 사이에 만들어지는 오브젝트의 개수를 지정할
     수 있습니다.
   ⓒ Specified Distance(지정된 거리) : 두 오브젝트 사이에 만들어지는 오브젝트의 간격을 지정
     할 수 있습니다.

❷ Orientation(방향) : 두 오브젝트를 블렌드 한 후 두 오브젝트 사이에 연결된 패스를 곡선 형태로 변형시켰을 경우에 사용하는 옵션입니다.

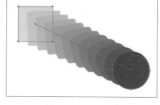
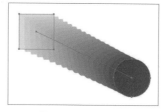

[Smooth Color]   [Specified Steps]   [Specified Distance]

:: Symbol Sprayer Tool(심볼 분무기 도구)

심볼 분무기 도구는 심볼을 뿌려주는 도구로서 Symbols(심볼) 패널에서 심볼을 선택하거나 이미 등록된 Symbol Libraries Menu(심볼 라이브러리 메뉴)에서 원하는 모양을 불러와 사용하면 됩니다. 또한 사용자가 직접 제작한 오브젝트를 심볼로 등록하여 사용할 수도 있습니다. 심볼 도구를 사용할 때는 더블클릭하여 나타난 대화상자에서 브러쉬의 크기를 조절하여 사용합니다. 심볼 도구가 선택된 상태에서 키보드의 [키를 누르면 브러쉬의 크기가 작아지고,] 키를 누르면 반대로 확대되어 브러쉬의 크기를 빠르게 조절하면서 사용할 수도 있습니다.

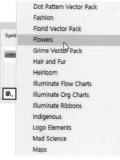
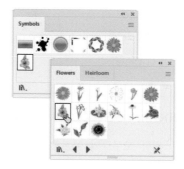

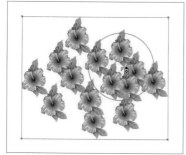

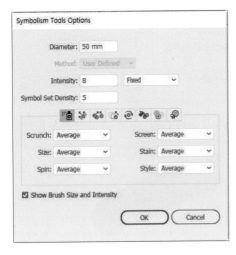

① Diameter(직경) : 브러쉬의 크기를 조절합니다.
② Method(방법) : 도구 사용을 정의할 수 있습니다.
③ Intensity(강도) : 브러쉬를 드래그할 때 뿌려지는 심볼의 양을 조절합니다.
④ Symbol Set Density(심볼 세트 밀도) : 브러쉬의 밀도를 설정하는 옵션으로 수치가 높을수록 가까이 뿌려집니다.
⑤ Symbol Icon(심볼 아이콘) : 사용하고자 하는 도구의 종류를 선택하여 사용합니다.
⑥ Scrunch(분쇄)~Style(스타일) : 심볼의 밀도, 크기, 방향, 투명도, 색상, 스타일을 설정하는 옵션입니다.
⑦ Show Brush Size and Intensity(브러시 크기 및 강도 표시) : 이 항목을 체크하였을 경우 아트보드에서 브러쉬의 크기와 뿌려지는 강도를 볼 수 있습니다.

:: Symbol Shifter Tool(심볼 이동기 도구) 🔧 ||||||||||||||||||||||||||||||||||||||||||||||||||

뿌려진 심볼을 드래그하여 위치를 이동시킬 수 있는 도구입니다. 마우스로 드래그하면 드래그 한 방향으로 화살표가 나타나고 심볼이 이동하게 됩니다.

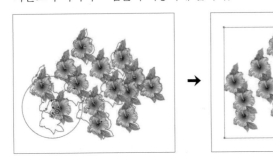

:: Symbol Scruncher Tool(심볼 분쇄기 도구) 🔧 ||||||||||||||||||||||||||||||||||||||||||||||

심볼 분쇄기 도구는 집합 도구로써 아트보드에 뿌려진 심볼을 모으거나 분산시키는 도구입니다. 심볼을 드래그하면 모아지게 되고, Alt 키를 누른 채 드래그하면 분산됩니다.

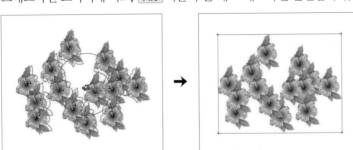

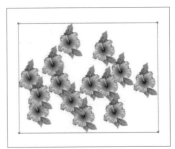

일러스트레이터

:: Symbol Sizer Tool(심볼 크기 조절기 도구)

심볼의 크기를 확대 및 축소하는 도구로서 Alt 키를 누른 채 드래그하면 심볼이 축소됩니다.

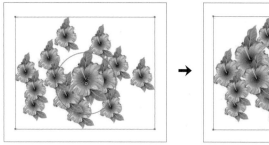  

:: Symbol Spinner Tool(심볼 회전기 도구)

심볼을 회전시키는 도구로써 마우스를 회전하면서 드래그하면 회전 방향으로 심볼이 돌아갑니다.

:: Symbol Stainer Tool(심볼 염색기 도구)

심볼 염색기 도구는 채색 도구로써 심볼에 지정한 색상을 적용할 수 있습니다.

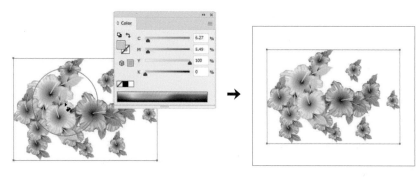

:: Symbol Screener Tool(심볼 투명기 도구)

심볼에 투명도를 적용할 수 있습니다. Alt 키를 누른 상태에서 다시 드래그하면 투명해진 심볼을 원래 상태로 되돌릴 수 있습니다.

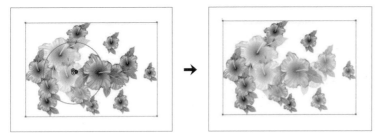

:: Symbol Styler Tool(심볼 스타일기 도구)

심볼 스타일기 도구는 뿌려진 심볼에 Graphic Style(그래픽 스타일) 패널에서 선택한 스타일을 적용할 수 있는 도구입니다.

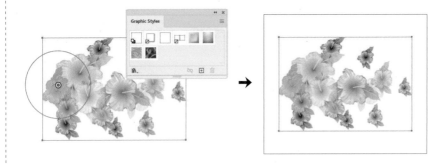

➜ Symbol 등록

[Window(윈도우)] 메뉴에서 Symbols(심볼) 패널을 불러옵니다. 왼쪽 하단에 Symbol Libraries Menu(심볼 라이브러리 메뉴)에 있는 심볼을 불러와 사용할 수도 있지만, 사용자가 직접 원하는 오브젝트를 등록하여 사용이 가능합니다. 원하는 오브젝트를 준비한 후 전체 선택하여 Symbols(심볼) 패널로 드래그하면 됩니다.

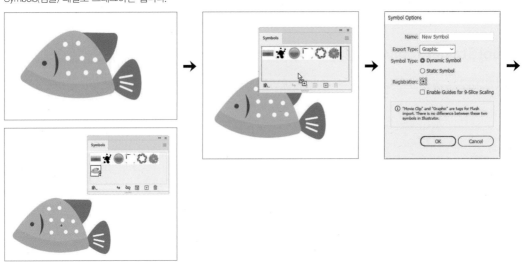

일러스트레이터

:: Artboard Tool(대지 도구)

대지 도구는 아트보드의 크기를 조절하거나 추가하는 기능입니다. GTQi 응시에서는 각 문제마다 정해진 크기로 작업해야 합니다.

:: Hand Tool(손 도구)

일러스트레이터 화면을 원하는 방향으로 이동시키는 도구로써 아트보드를 클릭하고 드래그하면 원하는 방향으로 이동됩니다. 작업 중에 도구 패널에서 손 도구를 매번 선택하여 사용하는 것보다는 키보드의 Spacebar 를 눌러 일시적으로 전환하여 사용하는 것이 용이합니다. 또한 손 도구를 더블클릭하면 아트보드가 전체 화면에 나타납니다.

:: Zoom Tool(돋보기 도구)

돋보기 도구는 사용자의 필요에 따라 화면을 축소하거나 확대할 수 있는 도구입니다. 화면이 확대된 상태에서 축소하려면 Alt 키를 누르고 화면을 클릭하면 됩니다. 또한 Ctrl + Spacebar 키를 누르면 마우스 포인터가 +모양으로 바뀌면서 확대되는 돋보기로 전환되고 Ctrl + Alt + Spacebar 키를 누르면 마우스 포인터가 – 모양으로 바뀌면서 축소되는 돋보기 도구로 변경되어 좀 떠 빠르게 사용이 가능합니다. 그리고 돋보기 도구를 더블 클릭하면 도큐먼트를 100%로 되돌릴 수 있습니다.

:: 컬러 모드의 이해

❶ Fill(면) : 오브젝트의 면에 단일 색상이나 패턴. 그라디언트 색상으로 채웁니다.
❷ Stroke(선) : 오브젝트의 테두리에 색상을 채웁니다.
❸ Swap Fill and Stroke(면과 선 변환) : 오브젝트에 적용된 면과 선의 색상을 교체합니다.
❹ Default Fill and Stroke(기본 면과 선) : 초기 기본 색인 흰색과 검정색으로 변환됩니다.
❺ Color(색상) : 면이나 선에 색상을 적용할 때 선택합니다.
❻ Gradient(그라디언트) : 면에 그라디언트를 적용할 때 선택합니다.
❼ None(없음) : 면과 선에 적용된 색상을 삭제하여 투명하게 만듭니다.

:: Draw Mode(그리기 모드)

기존에 그려진 오브젝트의 내부 또는 배경으로 새로운 오브젝트를 그릴 수 있습니다.

:: Change Screen Mode(화면 모드)

화면 모드를 4가지 형태로 전환합니다.

:: Edit Toolbar(도구 모음 편집)

사용자가 원하는 도구를 직접 편집하여 사용할 수 있습니다.

:: File(파일)>New(새로 만들기)

[File(파일)]−[New(새로 만들기)] 메뉴를 실행하여 문제에서 제시한 Width(폭)와 Height(높이) 값을 입력하고, Units(단위)는 Millimeters(밀리미터)를 지정, Image Mode(색상 모드)는 CMYK를 설정합니다.

:: File(파일)>Open(열기)

일러스트레이터에서 작업, 저장한 *.ai 파일을 불러옵니다.

:: File(파일)>Save(저장), Save As(다른 이름으로 저장)

현재 작업 중인 아트보드를 저장합니다.

:: File(파일)>Revert(복귀)

마지막으로 저장된 상태로 되돌립니다.

:: File(파일)>Place(가져오기)

일러스트레이터 파일 형식(*.ai)이 아닌 다른 형식의 작업물을 아트보드에 불러올 때 사용하는 명령입니다.

:: File(파일)>Export(내보내기)

일러스트레이터 파일 형식(*.ai)이 아닌 다른 형식으로 저장할 때 사용합니다.

:: File(파일)>Exit(종료)

일러스트레이터 프로그램을 닫습니다.

:: Edit(편집)>Undo(실행 취소), Redo(재실행)

실행 취소는 바로 전 작업을 취소합니다. 연속적으로 실행하면 계속하여 그 이전 작업을 취소할 수 있습니다. 재실행는 앞의 실행 취소 메뉴로 취소한 작업을 다시 재실행하는 기능입니다.

:: Edit(편집)>Cut(오리기), Copy(복사하기)

선택한 오브젝트를 오려내어 메모리에 임시보관하거나, 복사하여 임시 보관합니다.

일러스트레이티

:: Edit(편집)>Paste(붙이기), Paste in Front(앞에 붙이기), Paste in Back(뒤에 붙이기), Paste in Place(제자리에 붙이기) ||||||||||||||||||||||||||||||||||||||||||||||||||||||||||||||||||||||

Paste(붙이기)는 앞서 오리기나 복사 명령으로 메모리에 임시 보관된 오브젝트를 아트보드의 중앙에 붙여넣기 합니다. Paste in Front(앞에 붙이기)는 선택된 오브젝트의 바로 앞에 붙여넣기를 하고, Paste in Back (뒤에 붙이기)은 반대로 선택된 오브젝트의 바로 뒤에 붙여넣기 합니다. 마지막으로 Paste in Place(제자리에 붙이기)는 복사 명령을 내린 오브젝트 바로 그 위치에 붙여넣기 합니다.

:: Edit(편집)>Preference(환경 설정) ||||||||||||||||||||||||||||||||||||||||||||||||||||||||||||||||||||||||||||||||||||||||||||

문자 표기 방법이나, 가이드, 그리드, 단위 등의 여러 가지 일러스트레이터 프로그램의 사용 환경을 설정합니다.

:: Object(오브젝트)>Transform(변형)>Transform Again(변형 반복), Reset Bounding Box(테두리 상자 재설정) ||||||||||||||||||||||||||||||||||||||||||||||||||||||||

Transform(변형) 메뉴는 Rotate Tool(회전 도구), Reflect Tool(반사 도구), Scale Tool(크기 조절 도구), Shear Tool(기울이기 도구) 기능을 대화상자를 통하여 변형시키는 기능으로 이 가운데 Transform Again (변형 반복)은 바로 전 실행한 변형 작업을 동일한 옵션 값으로 반복 실행하는 기능입니다. 아울러 Reset Bounding Box(테두리 상자 재설정) 메뉴는 오브젝트에 변형 기능을 사용함으로써 함께 변형된 Bounding Box(테두리 상자)의 모양을 원래대로 재설정하는 기능입니다.

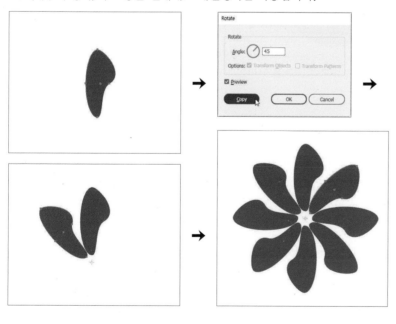

:: Object(오브젝트)>Arrange(정돈) ||||||||||||||||||||||||||||||||||||||||||||||||||||||||||||||||||||||

오브젝트들이 겹쳐있을 경우 필요에 따라서 원하는 오브젝트의 앞뒤 순서를 바꿔주는 기능입니다.
❶ Bring to Front(맨 앞으로 가져오기) : 선택한 오브젝트를 맨 위로 보내줍니다.
❷ Bring Forward(앞으로 가져오기) : 선택한 오브젝트를 바로 위에 위치한 오브젝트 앞으로 보내줍니다.
❸ Send Backward(뒤로 보내기) : 선택한 오브젝트를 바로 뒤에 위치한 오브젝트 뒤로 보내줍니다.
❹ Send to Back(맨 뒤로 보내기) : 선택한 오브젝트를 맨 아래로 보내줍니다.

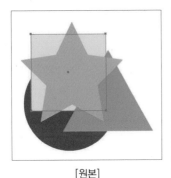
[원본]

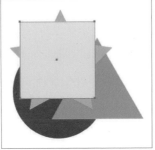
[Bring to Front(맨 앞으로 가져오기)]

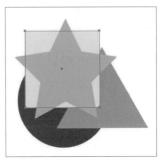
[Bring Forward(앞으로 가져오기)]

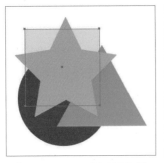
[Send Backward(뒤로 보내기)]

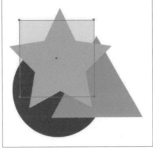
[Send to Back(맨 뒤로 보내기)]

:: Object(오브젝트)>Group(그룹), Ungroup(그룹 풀기) ||||||||||||||||||||||||||||||||||||||||||||||||||

Group(그룹)은 선택한 여러 오브젝트들을 하나로 묶어주는 기능이고, Ungroup(그룹 풀기)은 반대로 그룹 지어진 오브젝트를 각각 분리하는 기능입니다. 그룹으로 묶인 오브젝트는 한꺼번에 선택되므로 이동이나, 복사, 색상 등을 변경하고자 할 경우에 용이하게 사용이 가능합니다.

:: Object(오브젝트)>Lock(잠금)>Selection(선택), Unlock All(모든 잠금 풀기) ||||||||||||||||||

Lock(잠금) 메뉴는 선택한 오브젝트를 수정할 수 없도록 잠가주는 기능으로 드로잉이나 이동 작업 시 선택이 되지 않으므로 실수를 줄일 수 있습니다. 반대로 Unlock All(모든 잠금 풀기)은 잠궈 놓은 오브젝트를 다시 해제하는 기능입니다.

:: Object(오브젝트)>Expand(확장) ||||||||||||||||||||||||||||||||||||||||||||||||||||||||||

그라디언트 색상이나 심볼, 브러쉬, 블렌드 기능 등이 적용된 오브젝트를 분리하여 모양을 수정하거나 색상
을 바꿔 사용할 수 있도록 각각의 오브젝트로 분해, 분리할 수 있는 기능입니다. 분리된 오브젝트는 보통 그룹
상태이므로 Direct Selection Too(직접 선택 도구)로 편집하거나, [Object(오브젝트)]－[Ungroup(그룹 풀기)]
명령을 적용하여 그룹을 해제한 후 편집하도록 합니다.

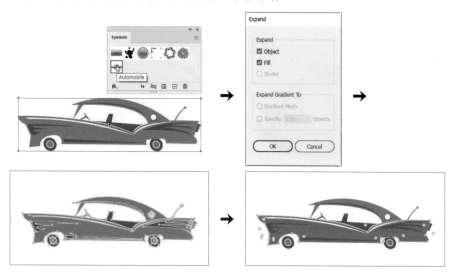

:: Object(오브젝트)>Expand Appearance(모양 확장) |||||||||||||||||||||||||||||||||||||||||||

Expand(확장)와 비슷한 기능으로 스타일이 적용된 오브젝트, 즉 메뉴에서 Effect(효과)를 적용하거나 브러쉬
효과가 적용된 오브젝트를 일반 오브젝트로 만들어 주는 기능입니다. Expand(확장) 기능과 마찬가지로 분리된
오브젝트는 보통 그룹 상태이므로 Direct Selection Tool(직접 선택 도구)로 편집하거나, [Object(오브젝트)]－
[Ungroup(그룹 해제)] 명령을 적용하여 그룹을 해제한 후 편집하도록 합니다.

  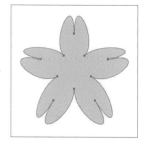 

:: Object(오브젝트)>Create Gradient Mesh(그라디언트 망 만들기)

Mesh Tool(망 도구)을 사용하여 임의적으로 망을 추가 후 편집할 수도 있고,
메뉴를 사용하여 규칙적인 망점을 추가하여 오브젝트를 표현할 수 있습니다.

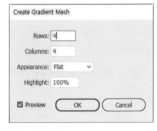

❶ Rows(행) : 가로 행의 개수를 설정합니다.
❷ Columns(열) : 세로 열의 개수를 설정합니다.
❸ Appearance(모양) : 망점의 밝기 형태를 설정합니다.
❹ Highlight(강조) : 밝기 정도를 설정합니다.

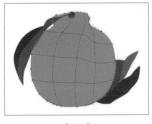

[평탄]   [가운데로]   [가장자리로]

:: Object(오브젝트)>Path(패스)>Join(연결)

열린 패스와 패스를 연결하는 기능으로 연결하고자 하는 양쪽 끝 고정점 두 개만을 Direct Selection Tool(직접
선택 도구)로 선택한 후 명령을 적용합니다.

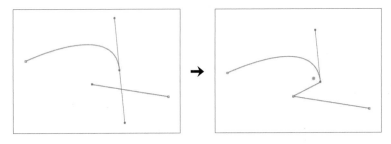

:: Object(오브젝트)>Path(패스)>Outline Stroke(윤곽선)

선을 면으로 바꿔주는 기능으로 Stroke(획) 패널에서 선의 두께를 지정한 만큼 면으로 변환시켜 줍니다.

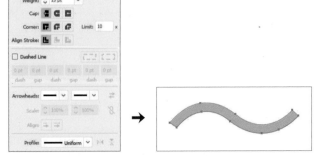

일러스트레이터

:: Object(오브젝트)>Path(패스)>Offset Path(패스 이동) ||||||||||||||||||||||||||||||||||||

Offset Path(패스 이동)는 원본 오브젝트를 확대하거나 축소하여 복사본을 만드는 기능으로 입력한 값만큼
확대할 경우 원본 뒤에 복사본이 만들어지고, 반대로 축소할 경우에는 − 값을 입력하여 원본 앞에 복사본을
만들어집니다.

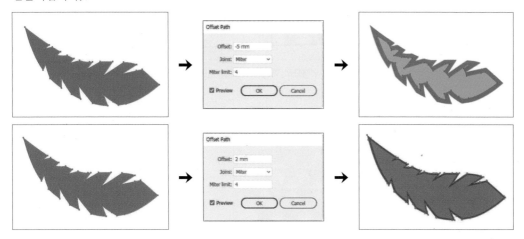

Illustrator

:: Object(오브젝트)>Pattern(패턴) ||||||||||||||||||||||||||||||||||||||||||||||||||||||||||||

기존에 오브젝트를 만든 후 영역을 잡아 Swatches(견본) 패널로 드래그하여 등록하는 방법 외에 최신 버전
에서는 메뉴를 실행하여 패턴 옵션 패널과 함께 빠르고 다양한 형태로 패턴을 등록할 수 있습니다.

[Make(만들기)]
패턴으로 등록하고자 하는 오브젝트를 만들고 [Object(오브젝트)]−[Pattern(패턴)]−[Make(만들기)] 메뉴를
실행하면 패턴 옵션 패널이 활성화되면서 패턴 활용 시 타일 유형과 배치 방법 등을 미리보기 하며 옵션을
조절하여 원하는 모양으로 등록할 수 있습니다.

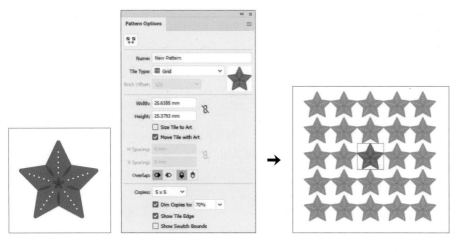

[Grid(격자)]

[Brick by Row(행으로 벽돌형)]

[Brick by Column(열로 벽돌형)]

[Hex by Column(열로 육각형)]

[Hex by Row(행으로 육각형)]

일러스트레이터

62

[Edit Pattern(패턴 편집)]

기존 패턴을 편집하려면 Swatches(견본) 패널에서 해당 패턴을 더블클릭하거나 패턴이 포함된 오브젝트를 선택한 다음 [Object(오브젝트)]-[Pattern(패턴)]-[Edit Pattern(패턴 편집)] 명령을 실행하면 됩니다.

❶ Name(이름) : 패턴의 이름을 입력합니다.

❷ Tile Type(타일 유형) : 타일 배치 방법을 선택합니다.

❸ Brick Offset(벽돌 오프셋) : 벽돌형 패턴 등록 시 수직이나 수평 맞춤에서 벗어난 타일의 가운데 너비나 높이를 선택할 수 있습니다.

❹ Width/Height(폭/높이) : 타일의 전체 높이 및 너비를 지정합니다. 오브젝트와 오브젝트 사이의 간격을 조절하고자 할 때 사용합니다.

❺ Size Tile to Art(아트에 타일 크기 조정) : 타일의 크기를 패턴을 만드는데 사용 중인 오브젝트 크기에 맞도록 축소하려면 이 항목을 체크합니다.

❻ Move Tile width Art(아트와 함께 타일 이동) : 오브젝트 이동 시 타일도 함께 이동하게 하려면 이 항목을 체크합니다.

❼ H Spacing/B Spacing(H 간격/V 간격) : 인접한 타일 사이에 지정할 간격을 결정합니다.

❽ Overlap(겹침) : 인접한 타일이 겹치는 경우 앞쪽에 표시할 타일을 선택합니다.

❾ Copies(사본) : 패턴을 수정하는 동안 화면에 표시할 타일의 행과 열 수를 선택합니다.

❿ Dim Copies to(사본 흐리게 대상) : 패턴을 수정하는 동안 미리 표시되는 오브젝트 타일의 불투명도를 조절합니다.

⓫ Show Tile Edge(타일 가장자리 표시) : 이 항목을 체크하면 타일 주변에 사각형 상자를 표시합니다.

⓬ Show Swatch Bounds(견본 테두리 표시) : 패턴을 만들기 위해 반복되는 패턴의 단위 부분을 표시하려면 이 항목을 체크합니다.

[Tile Edge Color(타일 가장자리 색상)]

Tile Edge Color(타일 가장자리 색상)은 패턴을 둘러싸는 영역의 색상을 상황에 따라 바꿔가며 사용 가능합니다.

:: Object(오브젝트)>Repeat(반복) ||||||||||||||||||||||||||||||||||||||||||||||||||||||||||

반복 명령은 최신 버전에서 새롭게 추가된 기능으로 클릭 한 번으로 오브젝트를 쉽게 반복하고 방사형, 격자 및 미러링 반복 패턴을 만들 수 있습니다.

[Radial(방사형)]

❶ Number of Instances(반복 횟수) : 반복 오브젝트에서 사용할 반복 횟수를 설정합니다.
❷ Radius(반경) : 방사형 반복이 만들어질 원의 반경을 지정합니다.
❸ Reverse Overlap(역 겹침) : 방사형 반복에서 오브젝트의 앞뒤 순서를 변경하려면 이 항목을 선택합니다.

[Grid(격자)]

❶ Horizontal spacing in grid(격자 수직 간격) : 격자에 있는 오브젝트 간의 수직 간격을 지정합니다.
❷ Vertical spacing in grid(격자 수평 간격) : 격자에 있는 오브젝트 간의 수평 간격을 지정합니다.
❸ Grid Type(격자 유형) : 오브젝트를 행과 열로 배열하는 데 사용할 격자 유형을 지정합니다.
❹ Flip Rows(행 뒤집기) : 세로(Y축) 또는 가로(X축) 방향으로 행을 뒤집습니다.
❺ Flip Column(열 뒤집기) : 세로(Y축) 또는 가로(X축) 방향으로 열을 뒤집습니다.

[Mirror(뒤집기)]

❶ Angle of mirror axis(미러링 축 각도) : 반사 축의 각도를 설정합니다.

[Release(풀기)]
이미 적용된 반복 효과를 해제합니다.

[Options(옵션)]
각각의 유형별로 세부 옵션을 조절합니다.

일러스트레이터

:: Object(오브젝트)>Blend(블렌드) ||||||||||||||||||||||||||||||||||||||||||||||||||||||||||||||||||

도구 패널에 있는 Blend Tool(블렌드 도구)과 동일한 기능으로 형태나 색상이 다른 두 오브젝트 사이에 변화되어 가는 과정을 생성하는 도구로써 면 오브젝트 뿐만 아니라 선에도 블렌드 기능을 적용할 수 있습니다.

[Make(만들기)]
두 오브젝트 간의 블렌드 효과를 적용합니다.

[Release(풀기)]
이미 적용된 블렌드 효과를 해제합니다.

[Blend Options(블렌드 옵션)]
어떠한 표현 방법으로 블렌드를 적용할지를 선택하고 그에 따른 세부 옵션값을 설정합니다.

❶ Spacing(간격) : 두 오브젝트가 블렌드 될 때의 중간에 생성되는 간격을 지정하는 방식입니다.

ⓐ Smooth Color(매끄러운 색상) : 자연스러운 색상의 변화가 있는 오브젝트를 만듭니다.

ⓑ Specified Steps(지정된 단계) : 두 오브젝트 사이에 만들어지는 오브젝트의 개수를 지정할 수 있습니다.

ⓒ Specified Distance(지정된 거리) : 두 오브젝트 사이에 만들어지는 오브젝트의 간격을 지정할 수 있습니다.

❷ Orientation(방향) : 두 오브젝트를 블렌드 한 후 두 오브젝트 사이에 연결된 패스를 곡선 형태로 변형시켰을 경우에 사용하는 옵션입니다.

[Expand(확장)]

적용된 하나의 블렌드 오브젝트를 각각의 오브젝트로 분리시키는 기능입니다.

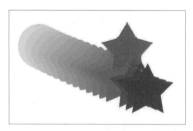

[Replace Spine(스파인 바꾸기)]

직선 형태로 적용된 블렌드를 다른 패스 모양으로 대체시킬 수 있습니다.

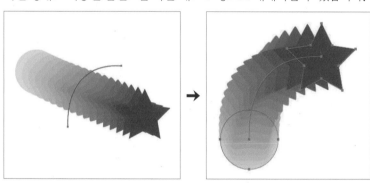

[Reverse Spine(스파인 반전)]

두 오브젝트의 위치를 바꿔줍니다.

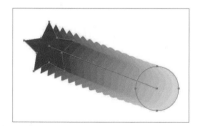

[Reverse Front to Back(앞과 뒤를 반전)]

오브젝트의 앞뒤를 바꿔줍니다.

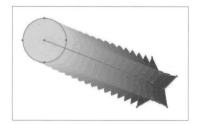

:: Object(오브젝트)>Envelope Distort(둘러싸기 왜곡) ||||||||||||||||||||||||||||||||||||||||

오브젝트나 문자에 왜곡과 같은 다양한 변형 효과를 줄 수 있는 기능들로서 지정한 스타일을 사용하거나 사용자가 직접 모양을 변형시켜 다양한 형태로 표현이 가능합니다.

[Make with Warp(변형으로 만들기)]
문자나 오브젝트를 왜곡시켜 다양한 모양으로 표현합니다.

 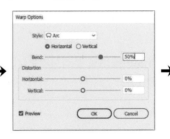 

 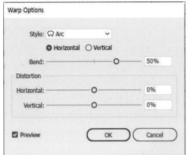

① Style(스타일) : 효과의 종류를 지정합니다.
② Horizontal/Vertical(가로/세로) : 굴절 방향을 가로 또는 세로로 지정합니다.
③ Bend(구부리기) : 휘는 정도를 조절합니다.
④ Distortion(왜곡) : 좌우, 상하로 굴절되는 정도를 조절합니다.

[Normal(원본)]

[Arc(부채꼴)]

[Arc Lower(아래 부채꼴)]

[Arc Upper(위 부채꼴)]

[Arch(아치)]

[Bulge(돌출)]

[Shell Lower(아래가 넓은 조개)]

[Shell Upper(위가 넓은 조개)]

[Flag(깃발)]

[Wave(파형)]

[Fish(물고기)]

[Rise(상승)]

[Fisheye(어안)]

[Inflate(부풀리기)]

[Squeeze(양쪽 누르기)]

[Twist(비틀기)]

[Make with Mesh(망으로 만들기)]

오브젝트에 망점을 추가하여 Direct Selection Tool(직접 선택 도구)로 고정점을 선택, 이동시켜 모양을 변형합니다.

[Make with Top Object(최상위 오브젝트로 만들기)]

오브젝트가 겹쳐있을 경우 상위 오브젝트의 형태에 맞게 하위 오브젝트가 모양이 변형되는 기능입니다.

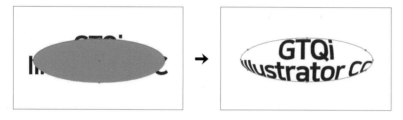

:: Object(오브젝트)>Clipping Mask(클리핑 마스트)>Make(만들기)/Release(풀기) ||||||||||

두 개 이상의 오브젝트를 선택한 상태에서 상위 오브젝트의 형태 안에만 하위 오브젝트가 보이는 마스크 효과를 적용합니다.

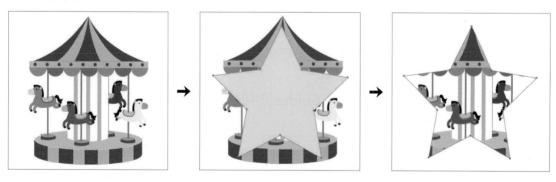

:: Object(오브젝트)>Compound Path(컴파운드 패스)>Make(만들기)/Release(풀기) ||||

두 오브젝트를 하나의 오브젝트로 합칠 때 사용하지만, 도넛처럼 가운데 구멍을 뚫을 때 일반적으로 사용하는 기능입니다. Pathfinder(패스파인더) 패널과 함께 자주 사용하는 기능입니다.

:: Type(문자)>Create Outlines(윤곽선 만들기) ||||||||||||||||||||||||||

모든 그래픽 프로그램은 문자와 이미지는 별개의 의미를 가지게 됩니다. 따라서 일러스트레이터에서도 문자를 자유롭게 변형시켜 응용하고자 할 경우 오브젝트화 시켜주는 기능입니다.

:: View(보기)>Show(표시)>Show/Hide Ruler(눈금자 표시/숨기기) ||||||||||||||||||

눈금자를 화면에 표시하거나 감추는 기능으로 Guide(안내선)를 사용하고자 할 경우 눈금자를 먼저 불러와야 합니다.

:: View(보기)>Guides(안내선)>Hide Guides(안내선 가리기), Lock Guides(안내선 잠그기) |||||||||||||||||||||||

눈금자 안쪽에서부터 마우스를 클릭 드래그하여 안내선을 끌어와 사용하며, 사용한 안내선을 화면에서 보이지 않도록 하거나, 안내선이 움직이지 않도록 잠그는 기능입니다.

:: View(보기)>Smart Guides(특수 문자 안내선) |||||||||||||||||||||||||||||

오브젝트를 선택하거나 이동, 복사할 경우 특수 문자 안내선을 이용하면 좀 더 빠르고 정확하게 작업할 수 있습니다.

:: Effect(효과) ||||||||||||||||||||||||||||||||||||||||||||||||||||||||||||||||||||||||||||||||||||||||||

Effect(효과) 메뉴는 오브젝트를 변형시켜 독특한 효과를 적용하는 기능들로 명령을 적용하면 Appearance (내용) 패널에서 수정이 가능합니다. 여기서는 Illustrator Effects에서 빈번히 사용하고 시험에 출제되는 효과에 대해서만 일부 학습하겠습니다.

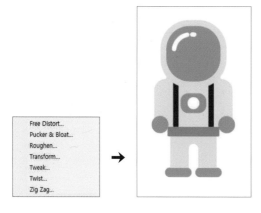

1. Distort & Transform(왜곡과 변형)

오브젝트를 변형시키는 효과들로 Appearance(모양) 패널에서 수정이 가능합니다.

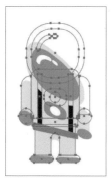
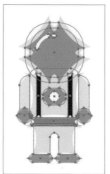
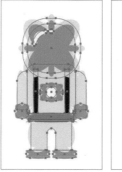

[Free Distort(자유 왜곡)]　　[Pucker & Bloat(오목과 볼록)]　　[Roughen(거칠게 하기)]

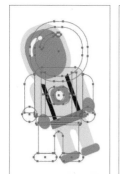
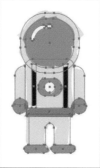
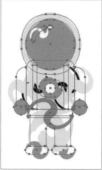
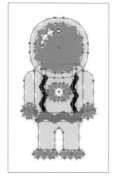

[Transform(변형)]　　[Tweak(비틀기)]　　[Twirl(비틀어 돌리기)]　　[ZigZag(지그재그)]

2. Stylize(스타일화)

화살표, 그림자 효과, 퍼짐 효과 등 오브젝트에 여러 가지 효과를 적용합니다.

Drop Shadow...
Feather...
Inner Glow...
Outer Glow...
Round Corners...
Scribble...

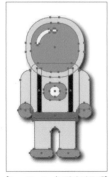
[Drop Shadow(그림자 만들기)]

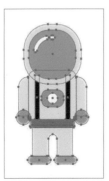
[Feather(패더)]

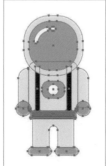
[Inner Glow(내부 광선)]

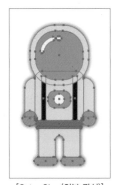
[Outer Glow(외부 광선)]

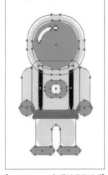
[Round Corners(모퉁이 둥글리기)]

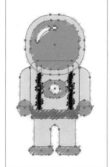
[Scribble(스크리블)]

일러스트레이터

Section 04 Panel(패널)

:: Align(정렬)

선택한 오브젝트들을 특정 위치에 정렬시키거나 일정한 간격으로 배치시키는 기능입니다.

❶ Blending Mode(혼합 모드) : 오브젝트를 수직축을 기준으로 왼쪽, 중앙, 오른쪽으로 정렬하거나 수평축을 기준으로 위쪽, 중앙, 아래쪽으로 정렬합니다.

❷ Distribute Objects(오브젝트 분포) : 두 개 이상의 오브젝트를 수평축을 기준으로 동일한 간격으로 배분하거나 수직축을 기준으로 배분합니다.

❸ Distribute Spacing : 선택한 오브젝트들의 간격을 수치를 입력하여 균등 배분할 때 사용합니다.

❹ Distribute Spacing(분포 간격) : 선택한 오브젝트들의 간격을 수치를 입력하여 균등 배분할 때 사용합니다.

❺ Align to(정렬 대상) : 오브젝트들을 정렬할 때 어느 기준으로 정렬할지를 설정합니다.

:: Appearance(모양)

스타일이 적용된 오브젝트, 즉 메뉴에서 [Effect(효과)]를 적용하거나 브러쉬 효과, Fill(면)과 Stroke(획), Opacity(불투명도) 등을 개별적으로 수정하기 위해 사용하는 패널입니다.

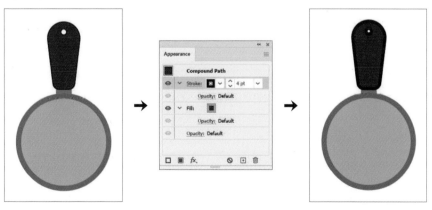

:: Brushes(브러쉬) ||||||||||||||||||||||||||||||||||||||||||||||||||||||||||||||||||

Brushes(브러쉬) 패널에서 브러쉬의 종류를 지정한 후 마우스로 자유롭게 드래그하여 외곽선을 그릴 수 있는
도구입니다. 다양한 모양의 브러쉬가 저장되어 있는 Brush Libraries Menu(브러쉬 라이브러리 메뉴)에서
원하는 브러쉬 종류를 불러와 사용이 가능하며, 직접 등록하여 사용할 수도 있습니다.

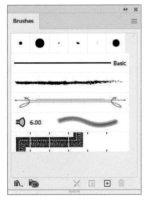

❶ Brush Libraries Menu(브러쉬 라이브러리 메뉴) : 일러스트레이터에서 제공하는 기본 브러쉬 라이브러리를 불러와 사용할 수 있습니다.
❷ Libraries Panel(라이브러리 패널) : 라이브러리 패널을 불러옵니다.
❸ Remove Brush Stroke(브러쉬 선 제거) : 선택한 개체의 브러쉬 적용을 해제합니다.
❹ Opations of Selected Object(선택한 오브젝트의 옵션) : 선택한 개체에 적용한 브러쉬의 옵션을 설정합니다.
❺ New Brush(새 브러쉬) : 새로운 브러쉬를 만듭니다.
❻ Delete Brush(브러쉬 삭제) : 선택한 브러쉬를 삭제합니다.

[종류별 브러쉬]

일러스트레이터

:: Color(색상) ||||||||||||||||||||||||||||||||||||||||||||||||||||||||||||||||||||||||||||||||||||||||

오브젝트의 면(Fill)과 선(Stroke)에 적용할 색상을 지정하는 패널입니다.

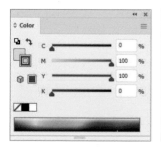 

:: Gradient(그라디언트) ||||||||||||||||||||||||||||||||||||||||||||||||||||||||||||||||||||||||||||||||||||

Gradient(그라디언트) 패널은 두 가지 이상의 색을 오브젝트에 채색하는 기능으로 선형(Linear)과 방사형
(Radial), 자유형(Freeform) 그라디언트를 선택하여 적용할 수 있으며 도구를 사용하여 방향을 조절하여 사용
가능합니다.

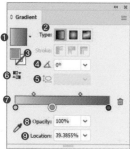

❶ Gradient(그라디언트) : 현재 선택된 그라디언트를 썸네일로 보여줍니다.
❷ Type(유형) : 그라디언트의 종류(선형, 방사형, 자유형)를 선택합니다.
❸ Stroke(획) : 테두리에 그라디언트를 적용할 경우 모양을 선택합니다.
❹ Angle(각도) : 그라디언트의 방향을 설정합니다.
❺ Aspect Ratio(종횡비) : 원형 그라디언트 적용 시 그라디언트를 타원으로 적용합니다.
❻ Reverse Gradient(그라디언트 반전) : 그라디언트의 방향을 반전시킵니다.
❼ Gradient Slider(그라디언트 슬라이더) : 현재 선택된 그라디언트를 보여주며, 색상을 편집합니다.
❽ Opacity(불투명도) : 선택한 색상의 투명도를 설정합니다.
❾ Location(위치) : 슬라이더의 위치를 수치로 설정합니다.

:: Pathfinder(패스파인더) ||||||||||||||||||||||||||||||||||||||||||||||||||||||||||||||||||||||||||||||

Pathfinder(패스파인더) 기능은 오브젝트와 오브젝트의 겹치는 부분을 어떻게 처리할 것인지에 대한 명령입니다. 각종 로고나 아이콘, 픽토그램, 캐릭터 등을 제작할 때 매우 빈번히 사용되는 중요한 기능입니다.

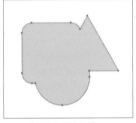

[Unite(합치기)]

[Minus Front(앞면 오브젝트 제외)]

[Intersect(교차 영역)]

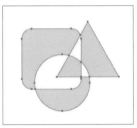

[Exclude(교차 영역 제외)]

[Divide(나누기)]

[Trim(동색 오브젝트 분리)]

[Merge(병합 다른 색상)]

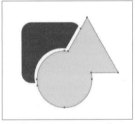

[Merge(병합 동일 색상)]

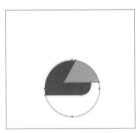

[Crop(자르기)]

[Outline(윤곽선)]

[Minus Back(이면 오브젝트 제외)]

일러스트레이터

:: Stroke ||||||||||||||||||||||||||||||||||||||||||||||||||||||||||||||||||||

선의 두께와 여러 가지 선 모양, 또는 점선 등을 표현할 수 있습니다.

1. Weight(두께)

선의 두께를 설정합니다.

2. Meter Limit(제한)

선과 선이 만나는 모서리 부분의 모양을 설정합니다.

3. Cap(단면)

선의 끝부분 모양을 선택합니다.

4. Corner(모퉁이)

선과 선이 만나는 모서리 부분의 모양을 선택합니다.

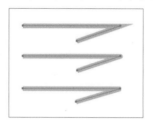

5. Align Stroke(선 정렬)

선이 연결되는 부분의 정렬 방식을 선택합니다.

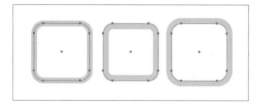

6. Dashed Line(점선 사용)

이 항목을 체크하게 되면 점선을 제작할 수 있습니다. dash(점선)는 선의 길이, gap(간격)은 선과 선 사이의 간격을 나타냅니다.

7. Arrowheads(화살표)

다양한 모양의 화살표를 표현할 수 있습니다.

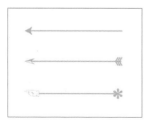

:: Swatches(견본) ‖‖

사용자가 주로 사용하는 색상, 그라디언트 색상, 패턴 등을 등록시켜 놓고 오브
젝트에 쉽고 빠르게 적용할 수 있는 기능을 제공합니다. 또한 Swatch Libraries
Menu(견본 라이브러리 메뉴)에서 다양한 원하는 색상들을 불러와 사용할 수
있습니다.

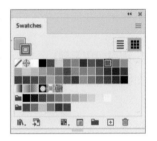

:: Symbols(심볼) ‖‖

앞서 심볼 도구에서 다뤄봤듯이 심볼은 중복 사용하는 오브젝트 또는 문자 등을 패널에 등록시킨 후 여러 번
불러와 사용이 가능한 기능으로 다양한 심볼 도구를 함께 사용하는 기능입니다.

일러스트레이터

:: Transform(변형) ‖‖

오브젝트의 크기와 회전, 이동 등을 정확한 수치에 의해 변형시킬 수 있는 패널입니다. 도형 도구 사용 시 실시
간으로 모양을 만들 때 패널 표시 여부를 지정하려면 [Window(윈도우)] 메뉴에서 Transform(변형) 패널을
불러올 수도 있지만, 변형 패널 메뉴에서 'Show on Shape Creation(모양 생성 시 표시)' 옵션을 체크 해 놓으면
도형을 그림과 동시에 변형 패널이 활성화됩니다. 또한 속성 패널의 변형 섹션에서 'More Options(기타 옵션)'
단추를 클릭하면 세부 옵션을 조절할 수도 있습니다.

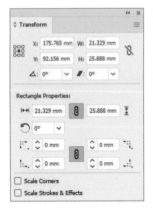
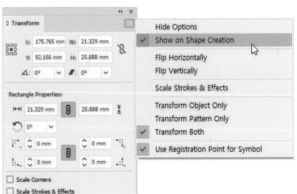

[사각형/둥근 사각형 변형 옵션]

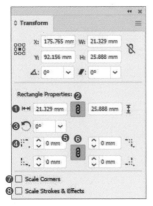

❶ Rectangle Width/Rectangle Height(너비/높이) : 사각형의 가로 또는 세로 길이를 지정합니다.
❷ Constrain Width and Height Proportions(폭 및 높이 비율 제한) : 체크 시 가로나 세로 둘 중 하나만 조절하여도 동일한 비율로 크기 조절이 가능합니다.
❸ Rectangle Angle(사각형 각도) : 크기 조절과 회전 위젯을 사용하여 사각형을 회전합니다.
❹ Corner Type(모퉁이 유형) : 사각형 모퉁이의 모양을 지정합니다.
❺ Corner Radius(모퉁이 반경) : 각 모퉁이에 대해 값을 조절할 수 있습니다.
❻ Link Corner Radius Values(모퉁이 반경 값 연결) : 체크 시 한 곳만 값을 조절하여도 나머지 반경도 같이 조절됩니다.
❼ Scale Corners(모퉁이 크기 조절) : 이 항목을 체크하면 모퉁이 크기 또한 비례적으로 함께 변경됩니다.
❽ Scale Strokes & Effects(선과 효과 크기 조절) : 이 항목을 체크하면 크기 조절 시 선의 두께와 효과가 적용된 값까지 비례적으로 변경됩니다.

[원형 변형 옵션]

❶ Ellipse Width/Ellipse Height(너비/높이) : 타원의 가로 또는 세로 길이를 지정합니다.
❷ Constrain Width and Height Proportions(폭 및 높이 비율 제한) : 체크 시 가로나 세로 둘 중 하나만 조절하여도 동일한 비율로 크기 조절이 가능합니다.
❸ Ellipse Angle(원형 각도) : 회전시키고자 하는 각도를 지정합니다.
❹ Pie Start Angle/Pie End Angle(파이 시작 각도/파이 끝 각도) : 파이 위젯을 사용하여 차트 표현으로 모양을 나타냅니다.
❺ Constrain Pie Angles(파이 각도 제한) : 변형 패널을 사용하여 파이 시작 각도와 파이 끝 각도의 값을 수정할 때 이들의 차이를 유지해야 하는지의 여부를 지정합니다.
❻ Invert Pie(파이 반전) : 파이 시작 각도 및 파이 끝 각도를 교체해야 하는 경우 클릭합니다.

[다각형 변형 옵션]

❶ Polygon Side Count(다각형 면 카운트) : 다각형이 갖게 되는 면의 수를 지정합니다.
❷ Polygon Angle(다각형 각도) : 다각형의 각도를 조절합니다.
❸ Corner Type(모퉁이 유형) : 다각형에 대해 원하는 모퉁이 유형을 지정합니다.
❹ Polygon Radius(다각형 반경) : 다각형의 반경을 지정합니다. 위젯을 사용하여 반경을 수정할 수 있습니다.
❺ Polygon Side Length(다각형 측면 길이) : 다각형의 각 측면의 길이를 지정합니다.

[선분 변형 옵션]

❶ Line Length(선 길이) : 그린 선의 길이를 조절합니다.
❷ Line Angle(선 각도) : 선을 그릴 각도를 지정합니다.

:: Transparency(투명도) ||||||||||||||||||||||||||||||||||||||||||||||||||||||||||||||||||||||||||||

Transparency(투명도) 패널은 오브젝트에 투명도를 적용하거나 오브젝트들과의 색상 혼합으로 다양한 효과를 표현할 수 있는 기능입니다.

[Opacity(불투명도) 적용]

[Blending Mode(혼합 모드) 적용]

❶ Blending Mode(혼합 모드) : 색상을 혼합하여 오브젝트를 합성합니다.
❷ Opacity(불투명도) : 투명도를 설정합니다.
❸ 원본 창 : 마스크가 적용 중인 오브젝트를 보여줍니다.
❹ 마스크 창 : 마스크의 투명도를 미리보기로 확인합니다.
❺ Make Mask/Release(마스크 만들기/해제하기) : 마스크를 적용하거나 해제합니다.
❻ Clip(클립) : 불투명 마스크의 효과를 증폭시켜 줍니다.
❼ Invert Mask(마스크 반전) : 마스크 영역을 반대로 적용합니다.
❽ Link(링크) : 오브젝트와 마스크에 링크를 설정하여 오브젝트 이동 시 마스크가 함께 이동됩니다.

:: Type(문자)>Character(문자)

문자의 속성을 조절할 수 있는 패널로써 글꼴, 스타일, 크기, 행간, 자간 등을 설정합니다.

❶ Set the font family(글꼴 군 설정) : 글꼴의 종류를 선택합니다.

❷ Set the font style(글꼴 스타일 설정) : 각 글꼴에 따른 스타일(굵기, 기울임)을 선택합니다.

❸ Set the height reference(글꼴 높이 참조 설정) : 패널의 크기에는 글꼴의 테두리 상자(전각 상자)의 높이도 포함되므로 폰트의 실제 크기는 이 크기보다 작습니다. 글꼴 높이 참조를 글꼴의 대문자 높이, x 높이 및 ICF 상자에 설정할 수도 있습니다.

❹ Set the font size(글꼴 크기 설정) : 글꼴의 크기를 조절합니다.

❺ Set the leading(행간 설정) : 행과 행 사이의 간격(행간)을 조절합니다.

❻ Set the kerning between to characters(두 문자 사이의 커닝 설정) : 커서가 위치한 좌우에 있는 문자 사이의 간격을 조절합니다.

❼ Set the tacking for the selected characters(선택한 문자의 자간 설정) : 문자들 사이의 간격(자간)을 조절합니다.

❽ Vertical scale(세로 크기 조절) : 문자의 세로 길이(폭)를 조절합니다.

❾ Horizontal scale(가로 크기 조절) : 문자의 가로 길이(폭)를 조절합니다.

❿ Set the baseline shift(기준선 이동 설정) : 문자의 기준선인 베이스라인을 기준으로 문자를 상하로 조절합니다.

⓫ Character Rotation(문자 회전) : 선택된 문자를 회전시킬 수 있습니다.

⓬ All Caps(모두 대문자) : 영문 문자를 모두 큰대문자로 표현합니다.

⓭ Small Capts(작은 대문자) : 영문 문자를 모두 작은 대문자로 표현합니다.

⓮ Superscript(위 첨자) : 위 첨자를 표현합니다.

⓯ Subscript(아래 첨자) : 아래 첨자를 표현합니다.

⓰ Underline(밑줄) : 문자에 밑줄을 그어줍니다.

⓱ Strikethrough(취소선) : 문자 가운데에 수평선을 그어줍니다.

⓲ Language(언어) : 글꼴을 지원하는 국가를 선택합니다.

⓳ Set the anti-aliasing method(앤티 앨리어싱 방법 설정) : 문자 외곽을 표현하는 방식을 선택합니다.

⓴ Snap to Glyph(글리프에 물리기) : 최신 버전에서 새롭게 추가된 기능으로 윤곽선 또는 안내선을 만들 필요 없이 개체를 그리거나 크기를 조절 또는 이동할 때 간단하게 물리기 옵션을 선택하여 텍스트와 정밀하게 배열할 수 있습니다. 단, 이 기능을 사용하려면 [보기] 〉 [글리프에 물리기]와 [보기] 〉 [특수 문자 안내선]이 활성화되어 있어야 합니다.

:: Type(문자)>Paragraph(단락)

문장의 정렬 기준과 들여쓰기, 단락의 여백 등을 조절할 수 있는 패널입니다.

❶ Align left(왼쪽 정렬) : 문장을 왼쪽 정렬합니다.

❷ Align center(가운데 정렬) : 문장을 중앙 정렬합니다.

❸ Align right(오른쪽 정렬) : 문장을 오른쪽 정렬합니다.

❹ Justify with last line aligned left(양쪽 정렬(마지막 행 왼쪽 정렬)) : 양끝정렬. 단락 끝부분의 여백을 왼쪽 정렬합니다.

❺ Justify with last line aligned center(양쪽 정렬(마지막 행 가운데 정렬)) : 양끝정렬. 단락 끝부분의 여백을 중앙 정렬합니다.

❻ Justify with last line aligned right(양쪽 정렬(마지막 행 오른쪽 정렬)) : 양끝정렬. 단락 끝부분의 여백을 오른쪽 정렬합니다.

❼ Justify all lines(강제 정렬) : 강제 정렬. 단락 끝부분의 여백을 양쪽 혼합 정렬합니다.

❽ Left indent(왼쪽 들여쓰기) : 문장의 왼쪽 여백을 조절합니다.

❾ Right indent(오른쪽 들여쓰기) : 문장의 오른쪽 여백을 조절합니다.

❿ First-line left indent(첫 번째 행 왼쪽 들여쓰기) : 문장의 첫 줄 들여쓰기를 조절합니다.

⓫ Space before paragraph(단락 앞 공백) : 문단의 위쪽 여백을 조절합니다.

⓬ Space after paragraph(단락 뒤 공백) : 문단의 아래쪽 여백을 조절합니다.

⓭ Hyphenate(하이픈 연결) : 영문의 경우 특정 단어가 길어서 아래 행으로 넘어갈 경우 자동으로 하이픈 표시를 하여 연결해줍니다.

PART 03

기출문제
유형 따라하기

GTQi [그래픽기술자격−일러스트] 기출문제

문제 1 기본 툴 활용

문제 2 문자와 오브젝트

문제 3 어플리케이션 디자인

GTQi (그래픽기술자격-일러스트)

급 수	문제유형	시험시간	수험번호	성 명
2급		90분		

문제1 기본 툴 활용 [25점]

다음의 《조건》에 따라 아래의 《출력형태》와 같이 작업하시오.

《조건》

파일저장규칙	AI	파일명	문서₩GTQ₩수험번호-성명-1.ai
		크기	100 × 80mm

1. 작업 방법

① 도형, 변형 툴과 Pathfinder 기능을 활용하여 오브젝트를 작성한다.
② 그 외 《출력형태》 참조

《출력형태》

C10M40Y70K10,
C10M30Y60,
C30M50Y70K10,
C70M60Y60K10,
M70Y40,
K30,
(선/획)
C100M20Y20, 1pt

문제2 문자와 오브젝트 [35점]

다음의 《조건》에 따라 아래의 《출력형태》와 같이 작업하시오.

《조건》

파일저장규칙	AI	파일명	문서₩GTQ₩수험번호-성명-2.ai
		크기	100 × 80mm

1. 작업 방법

① 'HEALING' 문자에 Arial (Bold) 폰트를 적용한다.
② 'A pleasant summer vacation' 문자에 Type on a Path Tool을 활용한다.
③ Brush는 《출력형태》 참고하여 작성한다.
④ Effect는 《출력형태》를 참고하여 작성한다.
⑤ 그 외 《출력형태》 참조

2. 문자 효과

① A pleasant summer vacation (Times New Roman, Regular, 9pt, C90M30Y100K30)

《출력형태》

일러스트레이터

C70Y100, C30Y100,
C40M50Y70,
(선/획) C20M40Y60, 0.5pt

M50Y40, C50M20,
[Brush] Banner 6, 1pt

C20, C30M10, M50Y20,
C10M100Y100, C30Y50, K10,
M50Y10 → M90Y50,
(선/획) C0M0Y0K0, 1pt,
[Effect] Drop Shadow

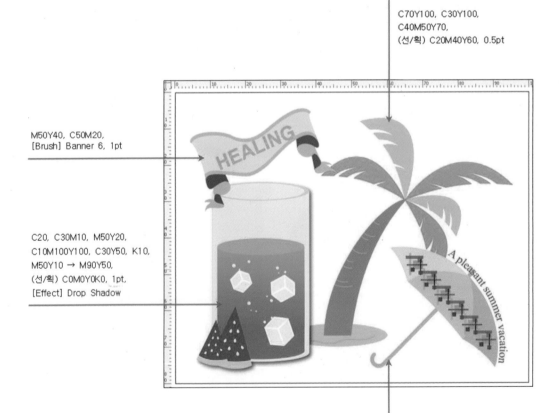

M20Y40, M30Y60, M40Y80,
[Brush]
Transparent Shapes 1, 1pt

문제3 어플리케이션 디자인 [40점]
다음의 《조건》에 따라 아래의 《출력형태》와 같이 작업하시오.

《조건》

파일저장규칙	AI	파일명	문서₩GTQ₩수험번호-성명-3.ai
		크기	120 × 80mm

1. 작업 방법
   ① 도형 툴로 오브젝트를 제작한 후 Pattern을 활용하여 작성한다.(패턴 등록 : 별)
   ② 튜브에는 불규칙적인 점선을, 물안경에는 규칙적인 점선을 설정한다.
   ③ 서핑보드에 Pattern을 적용한다.
   ④ 튜브에 배치된 오브젝트는 정렬, 간격을 일정하게 한 후 Group 설정을 한다.
   ⑤ 그 외 《출력형태》 참조

2. 문자 효과
   ① A WILD SEA (Arial, Bold, 9pt, C100M40Y30)
   ② Enjoy Your Surfing (Arial, Regular, 9pt, C90M50Y30K50)

《출력형태》

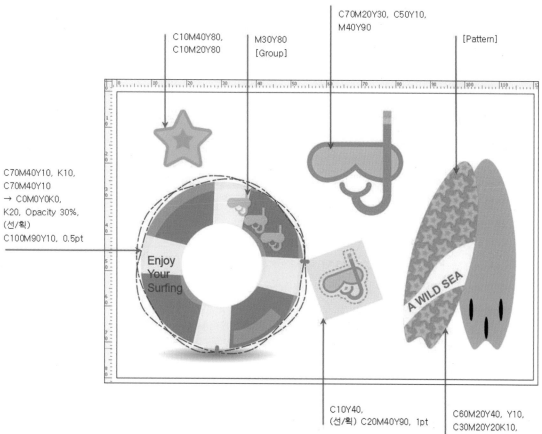

C10M40Y80,
C10M20Y80

M30Y80
[Group]

C70M20Y30, C50Y10,
M40Y90

[Pattern]

C70M40Y10, K10,
C70M40Y10
→ C0M0Y0K0,
K20, Opacity 30%,
(선/획)
C100M90Y10, 0.5pt

C10Y40,
(선/획) C20M40Y90, 1pt

C60M20Y40, Y10,
C30M20Y20K10,
K100,

문제 1 기본 툴 활용 · · · 25점

새 아트보드 만들기 및 파일 저장하기 → 성 모양 만들기 → 깃발 및 나머지 성 모양 만들기 → 모래 삽 만들기 → 레이아웃 정리 및 답안 전송하기

01. 새 아트보드 만들기 및 파일 저장하기

01 [File(파일)]–[New(새로 만들기)] 메뉴를 선택하고 Width(폭) 100mm와 Height(높이) 80mm를 입력합니다. Units(단위)는 Millimeters(밀리미터)를 지정하고, Color Mode(색상 모드)는 CMYK를 선택합니다.

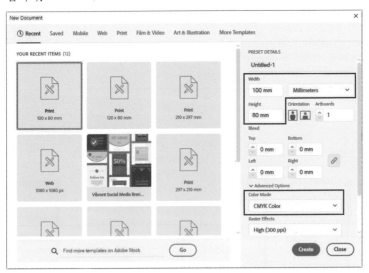

➕ 합격 Point

《조건》에서 제시한 아트보드의 크기를 정확하게 지켜주어야 하며, 답안 작성요령에 제시된 것처럼 이미지 모드는 CMYK를 지정하고, 단위는 mm(밀리미터)를 지정하여야 합니다.

02 전체적인 작업을 위해서 [View(보기)]–[Rulers(눈금자)]–[Show Rulers(눈금자 표시)] 메뉴를 선택하여 눈금자를 표시합니다. 그리고 눈금자 안쪽에서부터 마우스를 드래그하여 가로 안내선을 만듭니다. 계속하여 세로 방향의 안내선 또한 위와 동일한 방법으로 세로 방향 눈금자에서부터 마우스를 드래그하여 안내선을 만듭니다. 문제에서 제시된 《출력형태》와 레이아웃 구성을 동일하게 작업하기 위해서 동일한 방법으로 여러 개의 안내선을 표시하고, 만일 안내선을 편집하고자 할 경우에는 [View(보기)]–[Guides(안내선)]–[Unlock Guides(안내선 잠금 풀기)] 메뉴를 클릭하여 잠금을 해제한 후 이동하거나 삭제하면 됩니다.

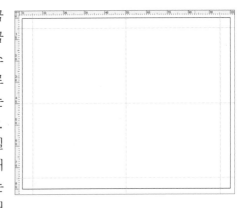

✔ 체크 Point

눈금자를 불러온 후 안내선을 함께 사용하면 《출력형태》와 동일한 크기나 레이아웃으로 작업하기 용이합니다.

눈금자를 표시하였을 때 눈금자 단위가 mm(밀리미터)가 아닐 경우에는 눈금자 위에 마우스 오른쪽 키를 누르면 단위를 변경할 수 있습니다.

03 설정한 아트보드를 저장하기 위해서 [File(파일)]-[Save(저장)] 메뉴를 실행하고 저장 위치를 '내 PC\문서\GTQ' 폴더로 지정합니다. 파일 형식은 'Adobe Illustrator(*.Ai)', 파일 이름은 '수험번 호-성명-문제번호.ai'를 입력하고 저장을 클릭하면 Illustrator Options 대화상자가 나타나는데, 현 재 사용하고 있는 Version(버전)을 설정하고 OK(확인)을 클릭합니다.

▼합격 Point

수험자 유의사항에 제시된 [파일명은 본인의 "수험번호-성명-문제번호"로 공백 없이 정확히 입력하고 답안폴더(내PC\문 서\GTQ\)에 ai 파일 포맷으로 저장해야 하며, 다른 파일 형식과 버전으로 저장하였을 경우 0점 처리됩니다. 답안문서 파일 명이 "수험번호-성명-문제번호"와 일치하지 않거나, 답안 파일을 전송하지 않아 미제출로 처리될 경우 불합격 처리됩니다. (예 : 내 PC\문서\GTQ\G123456789-홍길동-1.ai)] 위 내용대로 꼭 지켜주어야 합니다.

02. 성 모양 만들기

01 도구 패널에서 Ellipse Tool(원형 도구) ◯ 을 선택하고 Alt + Shift 키를 누른 채 마우스를 드래그 하여 정원을 만듭니다. 그리고 Delete Anchor Point Tool(고정점 삭제 도구) ✏ 로 하단 고정점을 클 릭하여 삭제합니다.

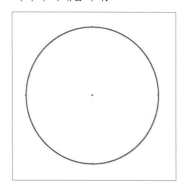
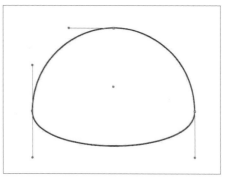

정원이나 정사각형 을 그리고자 할 경우 Shift 키를 사용하 면 되고, Alt 키를 동시에 사용할 때는 클릭한 부분이 중심 이 되도록 도형을 그 려줍니다.

02 계속하여 Direct Selection Tool(직접 선택 도구)▷로 상단 고정점의 양쪽 방향선을 이동시켜주고, 세로 고정점에 해당하는 방향선 또한 드래그하여 모양을 변형시킨 후 ≪출력형태≫에서 제시한 색상을 Color(색상) 패널에서 적용합니다.

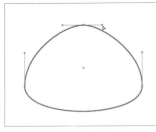 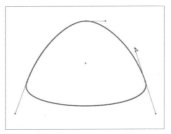

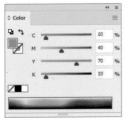 

> ✅ **체크 Point**
>
> ≪출력형태≫에 제시된 색상은 전체적인 오브젝트의 색상이므로 출력물을 잘 보고 해당하는 색상을 찾아 적용하도록 합니다.

03 도구 패널에서 Rectangle Tool(사각형 도구)▭을 선택하고 아트보드에 드래그하여 직사각형을 만듭니다. 그런 다음 Free Transform Tool(자유 변형 도구)▨에서 Perspective Distort(원근 왜곡)◱을 선택하고 상단의 고정점을 이동시켜 모양을 변형시킵니다.

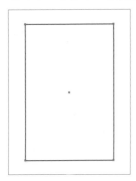 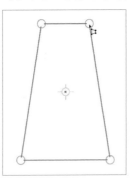

04 오브젝트가 선택된 상태에서 Color(색상) 패널에서 면 색을 적용하고, [Object(오브젝트)]–[Arrange (정돈)]–[Send to Back(맨 뒤로 보내기)] 메뉴를 실행하여 앞서 작업한 형태 뒤로 보내줍니다.

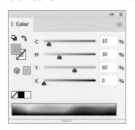

일러스트레이터는 먼저 작업한 오브젝트가 가장 아래쪽에 위치하게 됩니다. 즉, 작업하는 순서에 따라 오브젝트의 위치가 달라지므로 [Object(오브젝트)]–[Arrange(정돈)] 기능으로 오브젝트의 순서를 정돈할 필요도 있습니다.

05 다시 도구 패널의 Rectangle Tool(사각형 도구)▣을 선택하고, 앞서 작업한 오브젝트 위에 사각형을 그려줍니다. 그런 다음 Direct Selection Tool(직접 선택 도구) ▷ 로 상단의 양쪽 모퉁이 위젯만을 선택한 후 드래그하여 곡선 모양으로 수정하고, Color(색상) 패널에서 면 색을 적용합니다.

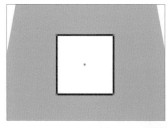

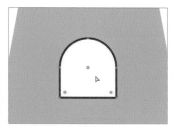

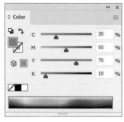

> ✔ **체크 Point**
>
> 최신 버전에 Rounded Rectangle Tool(둥근 사각형 도구)을 대체 할 수 있는 모퉁이 위젯 기능이 있습니다. 사용 할 때 Selection Tool(선택 도구)로 오브젝트 선택 시 모퉁이 위젯이 보이지 않을 경우에는 [View(보기)] 메뉴에서 Show Corner Widget(모퉁이 위젯 표시)를 실행하여 활성화하고, 또한 Bounding Box(테두리 상자)를 표시해야 합니다. Direction Selection Tool(직접 선택 도구)을 사용하면 부분적으로 모퉁이 모양을 조절할 수 있습니다.

Rounded Rectangle Tool(둥근 사각형 도구)을 사용하여 둥근 사각형 모양을 만들고자 한다면 아트보드에 클릭하여 나타난 대화상자에서 Radius(모퉁이 반경) 값을 설정하고 OK(확인)를 누르면 둥근 사각형이 만들어지는데 크기와 모양이 원하는 모양이 아닐 경우에는 삭제하고, 다시 드래그하여 직접 원하는 크기대로 만들어줍니다.

일러스트레이터

06 하나를 더 만들기 위해서 Selection Tool(선택 도구) ▶로 오브젝트를 선택하고 Alt + Shift 키를 누른 채 아래로 드래그하여 복사합니다.

▼합격 Point
《출력형태》와 동일한 모양의 오브젝트 제작 후 색상을 적용합니다.
C10M40Y70K10,
C10M30Y60,
C30M50Y70K10

03. 깃발 및 나머지 성 모양 만들기

01 도구 패널에서 Rectangle Tool(사각형 도구)▢을 선택하고 아트보드에 드래그하여 직사각형을 만든 후 Color(색상) 패널에서 면 색을 적용합니다.

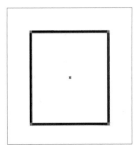  

02 Selection Tool(선택 도구) ▶로 오브젝트를 선택한 후 Alt + Shift 키를 누른 채 옆으로 드래그하여 하나를 더 복사한 후 계속하여 [Object(오브젝트)]-[Transform(변형)]-[Transform Again(변형 반복)] 메뉴를 실행합니다. 오브젝트가 선택된 상태에서 연속적으로 Ctrl + D 를 눌러 여러 개를 복사합니다.

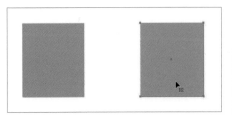 

복사하기 위해서 Alt 키를 누르고, 이 때 Shift 키를 같이 눌러주면 수평, 수직, 45° 방향으로 정확하게 이동됩니다.

Transform Again(변형 반복) 기능은 바로 전에 움직인 명령에 대한 반복 명령으로 오브젝트가 선택되어 있는 상태에서 사용 가능합니다. 일정한 간격이나 각도로 오브젝트를 복사할 때 유용하게 사용할 수 있는 기능입니다.

03 다시 Rectangle Tool(사각형 도구)□을 선택하고 하단에 드래그하여 직사각형 모양을 겹쳐 그려준 뒤 전체 오브젝트를 선택하고 Pathfinder(패스파인더) 패널에서 Unite(합치기)를 눌러 하나로 합쳐줍니다.

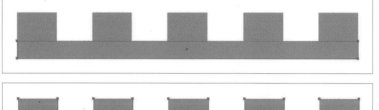

04 합쳐진 오브젝트가 선택된 상태에서 Direct Selection Tool(직접 선택 도구)▷로 모퉁이 위젯을 드래그하여 모서리 부분을 둥글게 수정합니다.

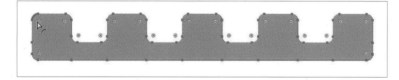

05 Rectangle Tool(사각형 도구)□을 선택하고 하단에 드래그하여 직사각형을 겹쳐 그려주고, Pathfinder(패스파인더) 패널에서 Unite(합치기)를 눌러 하나로 합쳐줍니다. 나머지 부분 또한 위와 동일한 방법으로 문 부분을 만들어 색상을 적용합니다.

06 계속하여 나머지 성 모양 또한 앞서 작업해 둔 모양을 복사하여 크기를 조절하거나 동일한 방법으로 각각 완성하여 [Object(오브젝트)]-[Arrange(정돈)] 메뉴로 오브젝트를 정돈합니다.

07 깃발을 만들기 위해 도구 패널에서 Rectangle Tool(사각형 도구)▢을 선택하고 드래그하여 직사각형을 만든 뒤 Color(색상) 패널에서 면 색을 적용합니다.

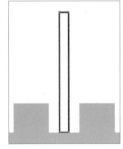 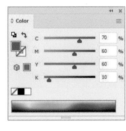 

08 다시 Pen Tool(펜 도구)✏을 선택하고 깃발 모양을 그려준 뒤 Color(색상) 패널에서 면 색을 적용하여 성 모양을 완성합니다.

✅합격 Point

《출력형태》와 동일한 모양의 오브젝트 제작 후 색상을 적용합니다.
C10M40Y70K10,
C10M30Y60,
C30M50Y70K10,
C70M60Y60K10,
M70Y40

04. 모래 삽 만들기

01 도구 패널에서 Rectangle Tool(사각형 도구)▢을 선택하고 아트보드에 드래그하여 직사각형을 만든 후 Add Anchor Point Tool(고정점 추가 도구)✏로 하단의 패스에 고정점을 추가합니다. 추가된 고정점을 Direct Selection Tool(직접 선택 도구)▷로 이동하여 모양을 변형시켜줍니다.

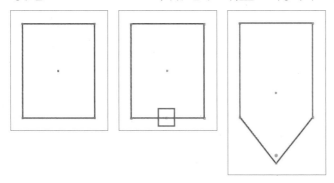

02 Selection Tool(선택 도구)▶로 오브젝트를 선택하고 도구 패널의 Free Transform Tool(자유 변형 도구)▨에서 Perspective Distort(원근 왜곡)◸을 선택한 후 상단의 고정점을 이동시켜 모양을 변형 시킵니다. 계속하여 오브젝트가 선택된 상태에서 Direct Selection Tool(직접 선택 도구)▷로 모퉁이 위젯을 드래그하여 모서리 부분을 둥글게 수정합니다.

 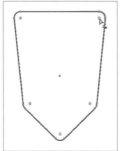

03 도구 패널에서 Rectangle Tool(사각형 도구)▢을 다시 선택하고 앞서 작업한 오브젝트에 겹쳐 직사각형을 그려준 뒤 두 오브젝트를 모두 선택하고 Align(정렬) 패널에서 Horizontal Align Center(가로 가운데 정렬)를 적용하여 정렬합니다.

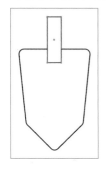  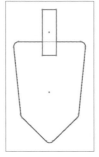

> 여러 개의 오브젝트를 겹쳐 표현할 때는 [View(보기)] 메뉴에서 Smart Guides(특수 문자 안내선)를 체크하여 작업하면 좀 더 정확하고 용이하게 작업할 수 있습니다.

04 전체 오브젝트를 선택하고 Pathfinder(패스파인더) 패널에서 Unite(합치기)를 눌러 하나로 합쳐준 뒤 Color(색상) 패널에서 면 색과 선 색을 적용하고, Stroke(획) 패널에서 선의 두께를 적용합니다.

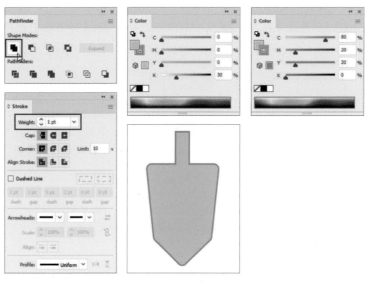

05 나머지 손잡이 모양 또한 위와 동일한 방법으로 Rectangle Tool(사각형 도구)을 사용하여 직사각 형을 만든 후 모퉁이 위젯을 이용하여 모양을 수정한 후 면 색과 선 색, 선의 두께를 적용합니다.

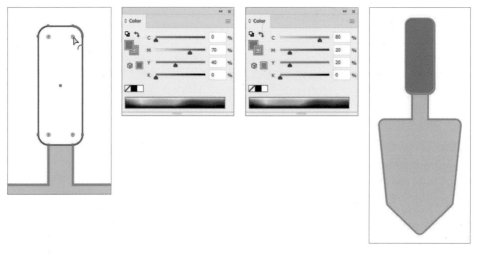

06 마지막으로 모래 삽을 앞서 작업해 놓은 오브젝트로 이동시켜 Free Transform Tool(자유 변형 도구) 이나 Bounding Box(테두리 상자)를 사용하여 회전시킵니다.

> **합격 Point**
>
> 《출력형태》와 동일한 모양의 오브젝트 제작 후 색상을 적용합니다.
> K30,
> M70Y40,
> (선/획) C100M20Y20, 1pt

05. 레이아웃 정리 및 답안 전송하기

01 전체 작업이 모두 끝났으므로 《출력형태》와 동일하게 눈금자 또는 안내선을 이용하여 오브젝트의 크기와 위치 등을 조절합니다.

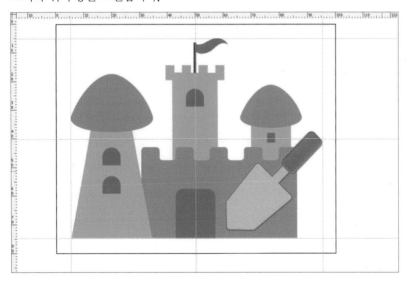

> 처음 안내선을 끌어왔을 경우 기본적으로 잠겨있는 상태이기 때문에 개별적으로 이동시키거나 삭제하기 위해서는 [View(보기)]-[Guide(안내선)]-[Unlock Guides(안내선 잠금)] 메뉴를 실행하여 잠금을 해제하면 됩니다.

> **체크 Point**
>
> 작업된 오브젝트의 크기를 조절하고자 할 경우 Scale Tool(크기 조절 도구)을 사용하지 않고 Free Transform Tool(자유 변형 도구)이나 Bounding Box(테두리 상자)을 사용할 경우 Scale Tool(크기 조절 도구) 대화상자에서 Scale Strokes & Effects(선과 효과 크기 조절) 항목이 체크 되어 있지 않은 상태에서 사용하여야 기존의 선의 두께에 영향을 주지 않고 크기를 조절할 수 있습니다.

02 안내선을 사용하였을 경우 [View(보기)]–[Guides(안내선)]–[Hide Guides(안내선 숨기기)] 메뉴를 실행하여 안내선을 숨기고, 또한 [View(보기)]–[Ruler(눈금자)]–[Hide Rulers(눈금자 숨기기)]를 클릭하여 눈금자를 가려줍니다. 마지막으로 [File(파일)]–[Save(저장하기)] 메뉴를 실행하여 앞서 미리 저장해 두었던 파일로 최종 덮어쓰기 하여 작업을 마무리합니다.

✚ 합격 Point

앞서 아트보드를 저장하지 않았다면 답안 폴더 '내 PC₩문서₩GTQ'를 지정하고, 파일 이름은 '수험번호–성명–문제번호.ai', 파일 형식은 'Adobe Illustrator(*.AI)'를 지정하고 저장을 클릭합니다. 대화상자에서 Version(버전)을 현재 사용하고 있는 버전으로 지정하고 OK(확인)를 클릭하여 저장하도록 합니다.

03 답안을 전송하기 전에 '내 PC₩문서₩GTQ' 폴더 안에 앞서 작업한 파일에 대한 파일 이름과 파일 형식 등을 확인하고 수험 프로그램에서 [답안 전송]을 클릭하여 감독관 컴퓨터로 전송합니다.

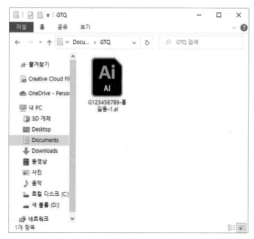

일러스트레이터

문제 2 문자와 오브젝트 · · · 35점

새 아트보드 만들기 및 파일 저장하기 → 유리컵 제작 및 Effect(효과) 적용하기 → 야자수 만들기 → 우산 만들기 → Brush(브러쉬) 적용하기 → 문자 입력 및 활용 → 레이아웃 정리 및 답안 전송하기

01. 새 아트보드 만들기 및 파일 저장하기

01 [File(파일)]-[New(새로 만들기)] 메뉴를 선택하고 Width(폭) 100mm와 Height(높이) 80mm를 입력합니다. Units(단위)는 Millimeters(밀리미터)를 지정하고, Color Mode(색상 모드)는 CMYK를 선택합니다.

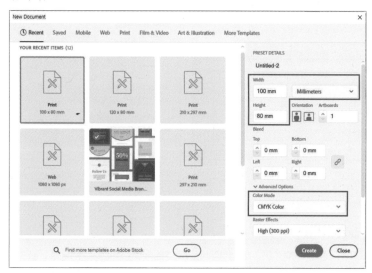

✅ 합격 Point

≪조건≫에서 제시한 아트보드의 크기를 정확하게 지켜주어야 하며, 답안 작성요령에 제시된 것처럼 이미지 모드는 CMYK를 지정하고, 단위는 mm(밀리미터)를 지정하여야 합니다.

02 전체적인 작업을 위해서 [View(보기)]-[Rulers(눈금자)]-[Show Rulers(눈금자 표시)] 메뉴를 선택하여 눈금자를 표시합니다. 그리고 눈금자 안쪽에서부터 마우스를 드래그하여 가로 안내선을 만듭니다. 계속하여 세로 방향의 안내선 또한 위와 동일한 방법으로 세로 방향 눈금자에서부터 마우스를 드래그하여 안내선을 만듭니다. 문제에서 제시된 ≪출력형태≫와 레이아웃 구성을 동일하게 작업하기 위해서 동일한 방법으로 여러 개의 안내선을 표시하고, 만일 안내선을 편집하고자 할 경우에는 [View(보기)]-[Guides(안내선)]-[Unlock Guides(안내선 잠금 풀기)] 메뉴를 클릭하여 잠금을 해제한 후 이동하거나 삭제하면 됩니다.

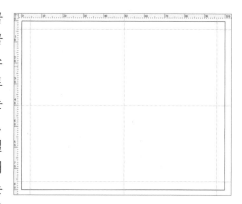

✔ 체크 Point

눈금자를 불러온 후 안내선을 함께 사용하면 ≪출력형태≫와 동일한 크기나 레이아웃으로 작업하기 용이합니다.

눈금자를 표시하였을 때 눈금자 단위가 mm(밀리미터)가 아닐 경우에는 눈금자 위에 마우스 오른쪽 키를 누르면 단위를 변경할 수 있습니다.

03 설정한 아트보드를 저장하기 위해서 [File(파일)]−[Save(저장)] 메뉴를 실행하고 저장 위치를 '내 PC₩문서₩GTQ' 폴더로 지정합니다. 파일 형식은 'Adobe Illustrator(*.Ai)', 파일 이름은 '수험번 호−성명−문제번호.ai'를 입력하고 저장을 클릭하면 Illustrator Options 대화상자가 나타나는데, 현 재 사용하고 있는 Version(버전)을 설정하고 OK(확인)을 클릭합니다.

▼합격 Point

수험자 유의사항에 제시된 [파일명은 본인의 "수험번호−성명−문제번호"로 공백 없이 정확히 입력하고 답안폴더(내PC₩문 서₩GTQ₩)에 ai 파일 포맷으로 저장해야 하며, 다른 파일 형식과 버전으로 저장하였을 경우 0점 처리됩니다. 답안문서 파일 명이 "수험번호−성명−문제번호"와 일치하지 않거나, 답안 파일을 전송하지 않아 미제출로 처리될 경우 불합격 처리됩니다. (예 : 내 PC₩문서₩GTQ₩G123456789−홍길동−1.ai)] 위 내용대로 꼭 지켜주어야 합니다.

02. 유리컵 만들기

01 도구 패널에서 Rectangle Tool(사각형 도구)▨을 선택하고 아트보드에 드래그하여 직사각형을 그려 주고, Color(색상) 패널에서 면 색을 적용합니다.

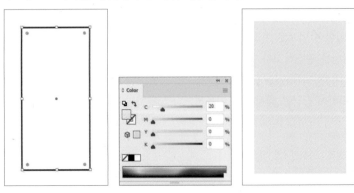

02 다시 Ellipse Tool(원형 도구)◯을 선택하고 Alt 키를 누른 채 마우스를 드래그하여 타원형을 만듭니다. 그런 다음 Selection Tool(선택 도구)▶로 원을 선택한 후 Alt + Shift 키를 누른 채 아래로 드래그하여 하나를 더 복사합니다.

정원이나 정사각형을 그리고자 할 경우 Shift 키를 사용하면 되고, Alt 키를 동시에 사용할 때는 클릭한 부분이 중심이 되도록 도형을 그려줍니다.

여러 개의 오브젝트를 겹쳐 표현할 때는 [View(보기)] 메뉴에서 Smart Guides(특수 문자 안내선)를 체크하여 작업하면 좀 더 정확하고 용이하게 작업할 수 있습니다.

03 하단의 원과 사각형만을 Selection Tool(선택 도구)▶로 선택한 후 Pathfinder(패스파인더) 패널에서 Unite(합치기)를 눌러 하나로 합쳐줍니다.

 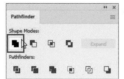 

04 상단의 원을 선택하고, Color(색상) 패널에서 면 색을 수정한 후 도구 패널에서 Scale Tool(크기 조절 도구)🔲을 더블클릭합니다. 대화상자의 Uniform(균일) 항목에서 100%보다 작은 값을 입력하고 Copy(복사) 버튼을 클릭하여 하나를 더 축소 복사한 후 다시 면 색을 수정합니다.

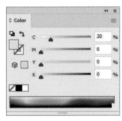
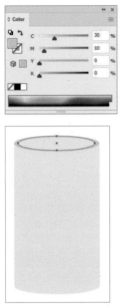

05 이제 안쪽의 음료 부분을 표현하기 위해서 앞서 작업한 오브젝트를 이용해 보겠습니다. 도구 패널에서 Selection Tool(선택 도구) ▶을 선택하고 상단의 큰 원과 사각형 형태를 Shift 키를 사용하여 동시에 선택합니다. 그런 다음 Scale Tool(크기 조절 도구)🔲을 더블클릭하여 대화상자의 Uniform(균일) 항목에서 100%보다 작은 값을 입력하고 Copy(복사) 버튼을 클릭하여 하나를 더 축소 복사합니다.

06 크기를 조절하기 위해서 Free Transform Tool(자유 변형 도구)◫이나 Bounding Box(테두리 상자) 를 사용하여 하단의 사각형 모양의 길이를 먼저 축소하고, 상단의 원을 이동시켜 맞춰줍니다.

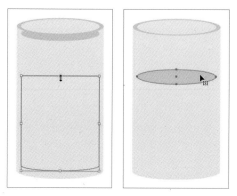

07 Color(색상) 패널에서 상단의 원에 면 색을 적용하고, 하단의 오브젝트에 그레이디언트 색상을 적용 하기 위해서 Gradient(그라디언트) 패널을 불러옵니다. 오브젝트를 선택하고 패널에서 Type(유형) 을 Linear Gradient(선형 그라디언트)을 지정한 후 Gradient Slider(색상 슬라이더)의 왼쪽 Color Stop(색상)을 더블클릭하여 ≪출력형태≫에서 제시한 색상을 지정합니다. 반대편 색상 또한 위와 동 일한 방법으로 색상을 적용합니다.

색상 패널에서 색상이 보이지 않을 경우에는 오른쪽 팝 업 메뉴를 클릭하여 CMYK 모드를 선택하여 사용하면 되고, 색상을 추가하고자 할 경우에는 색상 슬라이더 하단 부분에 마우스를 클릭하여 추가하거나, 하단으로 드래그하여 삭제하면 됩니다.

08 적용된 그레이디언트 색상을 편집하기 위해서 Gradient Tool(그라디언트 도구)◨를 선택하면 적용 방향과 위치 영역 등을 조절할 수 있는 조절점이 나타납니다. 중앙 조절점을 이동시켜 위치를 조절할 수 있으며, 마우스를 드래그하여 ≪출력형태≫와 동일한 방향이 되도록 조절합니다.

> 상위 버전에서는 그라디언트 도구를 선택하면 그레이디언트 적용 위치와 방향각 슬라이더의 색상과 위치를 세밀하게 조절할 수 있는 주석자가 나타납니다. 만일 조절점이 보이지 않는다면 [View(보기)] 메뉴에서 Show Gradient Annotator(그라디언트 주석자 표시)를 선택하여 사용자가 원하는 환경을 만들어 사용합니다.

09 이번에는 얼음 모양을 만들어 보겠습니다. 먼저 Rectangle Tool(사각형 도구)☐을 선택하고 Shift 키를 누른 채 드래그하여 정사각형을 만들고, Selection Tool(선택 도구) ▶ 로 Alt 키를 이용하여 하나를 더 복사합니다.

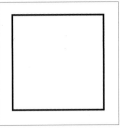 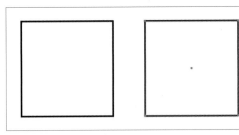

10 사각형 하나를 선택하고, Free Transform Tool(자유 변형 도구)▧이나 Bounding Box(테두리 상자)를 사용하여 Shift 키를 누른 채 드래그하여 회전합니다. 그리고 [Object(오브젝트)]-[Shape(모양)]-[Expand Shape(모양 확장)] 메뉴를 실행한 후 다시 [Object(오브젝트)]-[Transform(변형)]-[Reset Bounding Box(테두리 상자 재설정)] 메뉴를 실행하여 테두리 상자를 눌러 모양을 수정합니다.

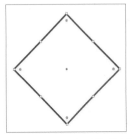 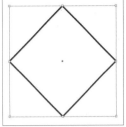 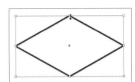

> Reset Bounding Box(테두리 상자 재설정)는 오브젝트에 변형 기능을 사용함으로써 함께 변형된 Bounding Box(테두리 상자)의 모양을 원래대로 재설정하는 기능입니다. 만일 테두리 상자가 활성화되지 않을 경우에는 위 방법처럼 Expand Shape(모양 확장) 명령을 먼저 적용 후 사용하면 됩니다.

일러스트레이터

11 앞서 복사해 놓은 사각형을 이동시켜 모서리를 맞춰 배치하고, Direct Selection Tool(직접 선택 도구) ▷로 왼쪽 두 개의 고정점 만을 이동시켜 모양을 수정합니다.

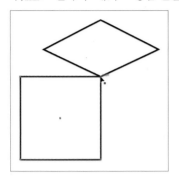
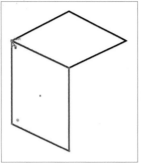

여러 개의 오브젝트를 겹쳐 표현하거나 지금처럼 중심을 잡고자 할 때는 [View(보기)] 메뉴에서 Smart Guides(특수 문자 안내선)를 체크하여 작업하면 좀 더 정확하고 용이하게 작업할 수 있습니다.

12 오브젝트가 선택된 상태에서 다시 도구 패널에서 Reflect Tool(반사 도구) ◗◖를 선택합니다. 그런 다음 Alt 키를 누른 채 중앙이 되는 부분을 클릭하면 대화상자가 나타나고, Axis(축)에서 Vertical(세로)을 체크한 후 Copy(복사)를 클릭하여 하나를 더 반사합니다.

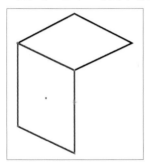

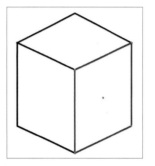

13 전체 오브젝트를 선택하고 Color(색상) 패널에서 면 색과 선 색을 적용하고, Stroke(획) 패널에서 선의 두께를 적용합니다. 또한 Corner(모퉁이) 옵션에서 Round Join(둥근 연결)을 선택하여 모서리 부분을 둥글게 처리해 줍니다.

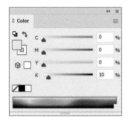

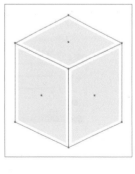

14 작업을 용이하게 하기 위해서 [Object(오브젝트)]-[Group(그룹)] 메뉴를 실행하여 하나의 그룹으로 묶어주고, 앞서 작업한 컵 모양 위에 배치한 후 Free Transform Tool(자유 변형 도구)📐이나 Bounding Box(테두리 상자)를 사용하여 회전합니다. 그리고 Alt 키를 사용하여 두 개를 더 복사한 후 각각 크기를 조절하고 회전시켜 줍니다.

15 도구 패널에서 Ellipse Tool(원형 도구)⬭을 선택하고 Alt + Shift 키를 누른 채 마우스를 드래그하여 정원을 만들고, Color(색상) 패널에서 면 색을 적용합니다. Selection Tool(선택 도구)▶로 Alt 키를 이용하여 여러 개를 복사한 후 Free Transform Tool(자유 변형 도구)📐이나 Bounding Box(테두리 상자)를 사용하여 각각 크기를 조절합니다.

 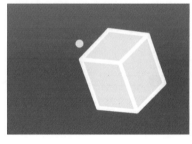 

16 하단의 수박 조각 모양을 Pen Tool(펜 도구)🖊로 만들고, 각각 면 색을 적용합니다.

 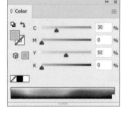 

일러스트레이터

⑰ 안쪽의 씨 모양 또한 Ellipse Tool(원형 도구)◯을 사용하여 원을 그려주고, Direct Selection Tool(직접 선택 도구)▷로 상단 고정점을 이동시켜 모양을 수정한 후 여러 개 복사하여 배치합니다.

⑱ 전체 오브젝트를 선택하고 [Object(오브젝트)]-[Group(그룹)] 메뉴를 실행하여 하나의 그룹으로 묶어주고, Alt 키를 누른 채 드래그하여 하나를 더 복사한 후 Free Transform Tool(자유 변형 도구)▦이나 Bounding Box(테두리 상자)를 사용하여 크기를 조절합니다.

⑲ 마지막으로 그림자 효과를 적용하기 위해서 전체 오브젝트를 모두 선택하고, [Object(오브젝트)]-[Group(그룹)] 메뉴를 실행하여 하나의 그룹으로 묶어줍니다. 그런 다음 [Effect(효과)]-[Stylize(스타일화)]-[Drop Shadow(그림자 효과)] 메뉴를 실행하여 대화상자에서 퍼짐 정도와 그림자 위치 등을 조절하여 효과를 적용합니다.

🏆 합격 Point

《출력형태》와 동일한 모양과 색상으로 표현한 후 Effect(효과)를 적용합니다.
C20,
C30M10,
M50Y20,
C10M100Y100,
C30Y50,
K10,
M50Y10 → M90Y50,
(선/획) C0M0Y0K0, 1pt,
[Effect] Drop Shadow

03. 야자수 만들기

01 도구 패널에서 Pen Tool(펜 도구)✎을 선택하고, 곡선의 잎 모양을 그려줍니다. 다시 세 개의 각각 다른 모양을 그려준 뒤 전체 오브젝트를 선택하고, Pathfinder(패스파인더) 패널에서 Minus Front(앞면 오브젝트 제외)를 눌러 상단 부분을 제거합니다.

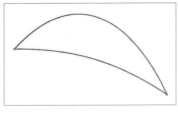 

02 Color(색상) 패널에서 면 색을 적용하고, Alt 키를 누른 채 드래그 하여 하나를 더 복사한 후 색상을 변경합니다.

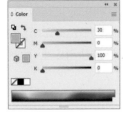 

03 변경된 오브젝트를 Free Transform Tool(자유 변형 도구)▣이나 Bounding Box(테두리 상자)를 사용하여 회전시키고 크기를 조절하여 배치합니다.

일러스트레이터

04 두 오브젝트가 선택된 상태에서 도구 패널에서 Reflect Tool(반사 도구)◀를 선택합니다. 그런 다음
　　 Alt 키를 누른 채 중앙이 되는 부분을 클릭하면 대화상자가 나타나고, Axis(축)에서 Vertical(세로)
　　 을 체크한 후 Copy(복사)를 클릭하여 하나를 더 반사합니다.

05 Free Transform Tool(자유 변형 도구)▨이나 Bounding Box(테두리 상자)를 사용하여 회전 및 모양
　　 을 변형시켜 배치하고, 나머지 잎 모양 또한 위와 동일한 방법으로 각각 배치합니다.

06 도구 패널에서 Pen Tool(펜 도구)✒을 선택하고, 나무 기둥 모양을 그려준 뒤 Color(색상) 패널에서
　　 면 색을 적용합니다.

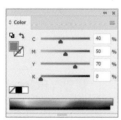

07 다시 Ellipse Tool(원형 도구)◯을 선택하고 하단에 타원형을 그려준 뒤 면 색을 적용하고, [Object (오브젝트)]-[Arrange(정돈)]-[Send to Back(맨 뒤로 보내기)] 메뉴를 실행하여 앞서 작업한 형태 뒤로 보내줍니다.

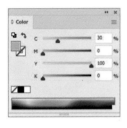

08 마지막으로 Pen Tool(펜 도구)✏로 곡선을 그려주고, Color(색상) 패널에서 선 색을 적용하고, Stroke (획) 패널에서 선의 두께를 적용한 후 Cap(단면) 모양을 Round Cap(둥근 단면)으로 지정합니다.

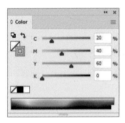

09 나무 기둥의 곡선들 또한 Pen Tool(펜 도구)✏로 그려주고, 여러 개를 복사한 후 각각 Direct Selection Tool(직접 선택 도구)▷로 모양을 수정하여 완성합니다.

▼ 합격 Point ------
《출력형태》와 동일한 모양과 색상으로 오브젝트를 제작합니다.
C70Y100,
C30Y100,
C40M50Y70,
(선/획) C20M40Y60, 0.5pt

일러스트레이터

04. 우산 만들기

01 도구 패널에서 Pen Tool(펜 도구) ✒️을 선택하고, 곡선의 우산 모양을 그려줍니다. 다시 두 개의 곡선을 각각 그려주고, 전체 오브젝트를 선택한 후 Pathfinder(패스파인더) 패널에서 Divide(나누기)를 적용합니다.

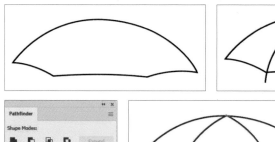

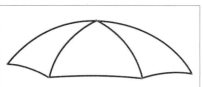

02 계속하여 [Object(오브젝트)]-[Ungroup(그룹 해제)]을 실행하여 각각 분리하고, Color(색상) 패널에서 면 색을 적용합니다.

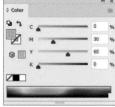

Pathfinder(패스파인더)의 Divide(나누기) 기능은 오브젝트를 각각 분리시키는 기능으로 명령 적용 후 Ungroup(그룹 해제)을 실행해 주어야 선택 도구로 개별 선택이 가능합니다.

일러스트레이터

03 도구 패널에서 Line Segment Tool(선분 도구) ✏️ 을 선택하고 Shift 키를 누른 채 드래그하여 직선을 그려줍니다. 그리고 Stroke(획) 패널에서 선의 두께를 지정하고, Cap(단면) 모양을 Round Cap(둥근 단면)으로 지정합니다.

04 [Object(오브젝트)]-[Path(패스)]-[Outline Stroke(윤곽 선)] 메뉴를 실행하여 선을 면으로 변환시켜주고, Color(색상) 패널에서 면 색을 적용합니다.

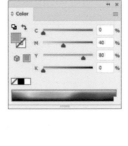

> Outline Stroke(윤곽선)은 선을 면으로 바꿔주는 기능으로 Stroke(획) 패널에서 선의 두께를 지정한 만큼 면으로 변환시켜 줍니다.

05 하단의 손잡이 모양을 만들기 위해서 도구 패널에서 Ellipse Tool(원형 도구) ⬭ 을 선택하고 Alt + Shift 키를 누른 채 마우스를 드래그하여 정원을 만듭니다. 그리고 Stroke(획) 패널에서 선의 두께를 지정하고, Cap(단면) 모양을 Round Cap(둥근 단면)으로 지정합니다.

06 계속하여 Direct Selection Tool(직접 선택 도구) ▷ 로 상단의 고정점을 선택, Delete 키로 삭제한 후 [Object(오브젝트)]-[Path(패스)]-[Outline Stroke(윤곽 선)] 메뉴를 실행하여 선을 면으로 변환시켜 줍니다.

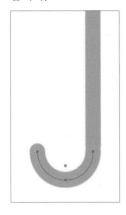 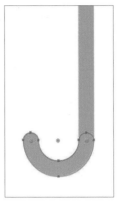

07 앞서 작업해 놓은 직선 모양과 동시에 선택하고, Pathfinder(패스파인더) 패널에서 Unite(합치기)를 눌러 하나로 합쳐준 뒤 [Object(오브젝트)]-[Arrange(정돈)]-[Send to Back(맨 뒤로 보내기)] 메뉴를 실행하여 앞서 작업한 형태 뒤로 보내줍니다.

> ▼합격 Point
>
> 《출력형태》와 동일한 모양과 색상으로 오브젝트를 제작합니다.
> M20Y40,
> M30Y60,
> M40Y80

일러스트레이터

05. Brush(브러쉬) 적용하기

01 먼저 앞서 제작해 놓은 우산에 브러쉬를 적용하기 위해서 우산을 아트보드에 이동하고, Free Transform Tool(자유 변형 도구)이나 Bounding Box(테두리 상자)를 사용하여 회전시키고 크기를 조절하여 배치합니다.

02 도구 패널에서 Line Segment Tool(선분 도구)을 선택하고 우산을 가로지르는 직선을 그립니다. [Window(윈도우)] 메뉴에서 Brushes(브러쉬) 패널을 불러오고, 패널 하단의 Brush Libraries Menu(브러쉬 라이브러리 메뉴)를 클릭하여 Decorative(장식)〉Decorative_Scatter(장식_산포) 패널을 불러옵니다. 패널에서 Transparent Shapes 1(투명 모양 1) 브러쉬를 클릭하면 Brushes(브러쉬) 패널에 등록되는 것을 볼 수 있습니다.

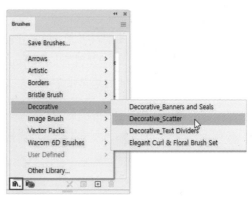

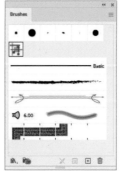

444

03 앞서 작업한 직선을 선택하고, Transparent Shapes 1(투명 모양 1) 브러쉬를 적용한 후 Stroke(획) 패널에서 선의 두께를 지정합니다.

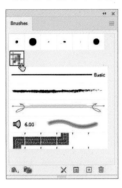  

04 이번에는 다른 모양의 브러쉬를 적용하기 위해서 Brush Libraries Menu(브러쉬 라이브러리 메뉴)를 클릭하여 Decorative(장식)〉Decorative_Banners and Seals(장식_배너와 씰) 패널을 불러온 후 Banner 6(배너 6)을 Brushes(브러쉬) 패널에 등록합니다.

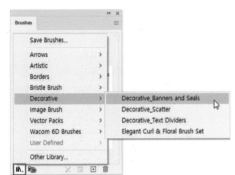 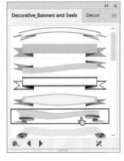 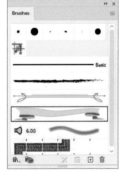

05 도구 패널에서 Line Segment Tool(선분 도구) ／을 선택하고 직선을 그려준 뒤 앞서 불러온 Banner 6(배너 6)브러쉬를 적용하고, Stroke(획) 패널에서 선의 두께를 지정합니다.

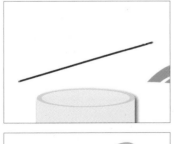  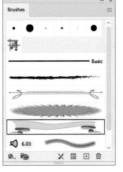 

> **합격 Point**
> ≪출력형태≫와 동일한 모양과 두께로 Brush(브러쉬)를 적용합니다.
> [Brush] Transparent Shapes 1, 1pt
> [Brush] Banner 6, 1pt

06. 문자 입력 및 활용

01 도구 패널에서 Type Tool(문자 도구) **T**을 선택하고 아트보드에 클릭하여 문자를 입력합니다. Character(문자) 패널에서 조건에서 제시한 글꼴과 스타일을 지정합니다.

02 Selection Tool(선택 도구) ▶로 문자를 선택하고, [Type(문자)]–[Create Outlines(윤곽선 만들기)] 메뉴를 실행하여 오브젝트화 시켜준 뒤 [Object(오브젝트)]–[Ungroup(그룹 해제)]을 실행하여 각각 분리합니다.

> Create Outlines(윤곽선 만들기)은 문자를 오브젝트로 변환시켜주는 기능입니다.

03 도구 패널에서 Pen Tool(펜 도구) 을 선택하고, 문자 오브젝트를 가로지르는 선을 그려줍니다. 그런 다음 전체 오브젝트를 선택하고, Pathfinder(패스파인더) 패널에서 Divide(나누기)를 적용한 후 [Object(오브젝트)]–[Ungroup(그룹 해제)]을 실행합니다.

일러스트레이터

04 각각 분리된 오브젝트에 Color(색상) 패널에서 면 색을 적용하고, 앞서 만들어 놓은 브러쉬 모양 위에 배치한 후 Free Transform Tool(자유 변형 도구)▦이나 Bounding Box(테두리 상자)를 사용하여 회전시키고 크기를 조절합니다.

05 이번에는 우산 위쪽에 문자를 입력하기 위해서 Pen Tool(펜 도구)✒을 사용하여 곡선을 그려줍니다. 그런 다음 도구 패널에서 Type on a Path Tool(패스 상의 문자 도구)↖을 선택하고 곡선 위에 클릭하여 문장을 입력합니다.

Type on a Path Tool(패스 상의 문자 도구)은 오브젝트의 외곽선을 따라 문자를 입력하는 도구로 입력된 문자의 방향을 수정하려면 중간 조절점을 드래그하여 이동시킬 수 있습니다.

06 입력된 문자를 선택하고 Character(문자) 패널에서 조건에서 제시한 글꼴과 크기, 스타일을 지정하고, Color(색상) 패널에서 색상을 적용합니다.

> **🔻 합격 Point**
>
> 《조건》에서 제시한 문자를 이용하여 《출력형태》와 동일하게 표현하고, 글꼴과 크기, 색상 등을 적용합니다.
> M50Y40,
> C50M20,
> ① A pleasant summer vacation (Times New Roman, Regular, 9pt, C90M30Y10K30)

일러스트레이터

07. 레이아웃 정리 및 답안 전송하기

01 전체 작업이 모두 끝났으므로 《출력형태》와 동일하게 눈금자 또는 안내선을 이용하여 오브젝트의 크기와 위치 등을 조절합니다.

> 처음 안내선을 끌어왔을 경우 기본적으로 잠겨있는 상태이기 때문에 개별적으로 이동시키거나 삭제하기 위해서는 [View(보기)]-[Guide(안내선)]-[Unlock Guides(안내선 잠금)] 메뉴를 실행하여 잠금을 해제하면 됩니다.

> **✅ 체크 Point**
>
> 작업된 오브젝트의 크기를 조절하고자 할 경우 Scale Tool(크기 조절 도구)을 사용하지 않고 Free Transform Tool(자유 변형 도구)이나 Bounding Box(테두리 상자)을 사용할 경우 Scale Tool(크기 조절 도구) 대화상자에서 Scale Strokes & Effects(선과 효과 크기 조절) 항목이 체크 되어 있지 않은 상태에서 사용하여야 기존의 선의 두께에 영향을 주지 않고 크기를 조절할 수 있습니다.

02 안내선을 사용하였을 경우 [View(보기)]-[Guides(안내선)]-[Hide Guides(안내선 숨기기)] 메뉴를 실행하여 안내선을 숨기고, 또한 [View(보기)]-[Ruler(눈금자)]-[Hide Rulers(눈금자 숨기기)]를 클릭하여 눈금자를 가려줍니다. 마지막으로 [File(파일)]-[Save(저장하기)] 메뉴를 실행하여 앞서 미리 저장해 두었던 파일로 최종 덮어쓰기하여 작업을 마무리합니다.

✔ 합격 Point

앞서 아트보드를 저장하지 않았다면 답안 폴더 '내 PC₩문서₩GTQ'를 지정하고, 파일 이름은 '수험번호-성명-문제번호.ai', 파일 형식은 'Adobe Illustrator(*.AI)'를 지정하고 저장을 클릭합니다. 대화상자에서 Version(버전)을 현재 사용하고 있는 버전으로 지정하고 OK(확인)를 클릭하여 저장하도록 합니다.

03 답안을 전송하기 전에 '내 PC₩문서₩GTQ' 폴더 안에 앞서 작업한 파일에 대한 파일 이름과 파일 형식 등을 확인하고 수험 프로그램에서 [답안 전송]을 클릭하여 감독관 컴퓨터로 전송합니다.

문제 3   어플리케이션 디자인 · · · 40점

새 아트보드 만들기 및 파일 저장하기 → 서핑보드 만들기 → Pattern(패턴) 등록 및 활용 → 튜브 만들기 →
물안경 만들기 → 라벨 만들기 및 물안경 활용 → 문자 입력 → 레이아웃 정리 및 답안 전송하기

01. 새 아트보드 만들기 및 파일 저장하기

01 [File(파일)]–[New(새로 만들기)] 메뉴를 선택하고 Width(폭) 120mm와 Height(높이) 80mm를 입력
합니다. Units(단위)는 Millimeters(밀리미터)를 지정하고, Color Mode(색상 모드)는 CMYK를 선택
합니다.

> **▼ 합격 Point**
>
> ≪조건≫에서 제시한 아트보
> 드의 크기를 정확하게 지켜주
> 어야 하며, 답안 작성요령에
> 제시된 것처럼 이미지 모드
> 는 CMYK를 지정하고, 단위는
> mm(밀리미터)를 지정하여야
> 합니다.

02 전체적인 작업을 위해서 [View(보기)]–[Rulers(눈금
자)]–[Show Rulers(눈금자 표시)] 메뉴를 선택하여 눈
금자를 표시합니다. 그리고 눈금자 안쪽에서부터 마
우스를 드래그하여 가로 안내선을 만듭니다. 계속하
여 세로 방향의 안내선 또한 위와 동일한 방법으로 세
로 방향 눈금자에서부터 마우스를 드래그하여 안내선
을 만듭니다. 문제에서 제시된 ≪출력형태≫와 레이
아웃 구성을 동일하게 작업하기 위해서 동일한 방법으

로 여러 개의 안내선을 표시하고, 만일 안내선을 편집하고자 할 경우에는 [View(보기)]–[Guides(안
내선)]–[Unlock Guides(안내선 잠금 풀기)] 메뉴를 클릭하여 잠금을 해제한 후 이동하거나 삭제하면
됩니다.

> **✓ 체크 Point**
>
> 눈금자를 불러온 후 안내선을 함께 사용하면 ≪출력형태≫와
> 동일한 크기나 레이아웃으로 작업하기 용이합니다.

눈금자를 표시하였을 때 눈금자 단위가 mm(밀리미터)가
아닐 경우에는 눈금자 위에 마우스 오른쪽 키를 누르면
단위를 변경할 수 있습니다.

일러스트레이터

03 설정한 아트보드를 저장하기 위해서 [File(파일)]-[Save(저장)] 메뉴를 실행하고 저장 위치를 '내 PC₩문서₩GTQ' 폴더로 지정합니다. 파일 형식은 'Adobe Illustrator(*.Ai)', 파일 이름은 '수험번호-성명-문제번호.ai'를 입력하고 저장을 클릭하면 Illustrator Options 대화상자가 나타나는데, 현재 사용하고 있는 Version(버전)을 설정하고 OK(확인)을 클릭합니다.

> **✔️합격 Point**
>
> 수험자 유의사항에 제시된 [파일명은 본인의 "수험번호-성명-문제번호"로 공백 없이 정확히 입력하고 답안폴더(내PC₩문서₩GTQ₩)에 ai 파일 포맷으로 저장해야 하며, 다른 파일 형식과 버전으로 저장하였을 경우 0점 처리됩니다. 답안문서 파일명이 "수험번호-성명-문제번호"와 일치하지 않거나, 답안 파일을 전송하지 않아 미제출로 처리될 경우 불합격 처리됩니다. (예 : 내 PC₩문서₩GTQ₩G123456789-홍길동-1.ai)] 위 내용대로 꼭 지켜주어야 합니다.

02. 서핑보드 만들기

01 도구 패널에서 Ellipse Tool(원형 도구) ⬭ 을 선택하고 마우스를 드래그하여 타원형을 만듭니다. 다시 Add Anchor Point Tool(고정점 추가 도구) 🖋 을 선택하고 하단의 양쪽 패스에 고정점을 추가합니다. 그런 다음 중앙의 고정점을 Direct Selection Tool(직접 선택 도구) ▷ 로 이동하여 모양을 변형시켜주고, 상단의 방향선 또한 조금씩 이동시켜 모양을 수정합니다.

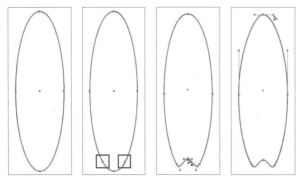

02 Color(색상) 패널에서 면 색을 적용하고, 다시 Pen Tool(펜 도구) 🖊 을 사용하여 안쪽에 곡선 면을 그려준 뒤 면 색을 적용합니다.

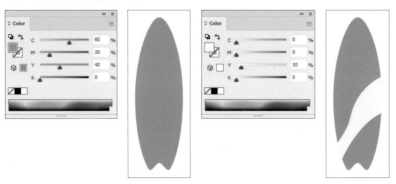

03 앞서 만들어 놓은 보드를 하나 더 만들기 위해서 Selection Tool(선택 도구) ▶ 로 하단의 오브젝트를 선택하고 Alt + Shift 키를 누른 채 옆으로 드래그하여 복사합니다. 그리고 Color(색상) 패널에서 면 색을 수정하고, [Object(오브젝트)]-[Arrange(정돈)]-[Send to Back(맨 뒤로 보내기)] 메뉴를 실행하여 앞서 작업한 형태 뒤로 보내줍니다.

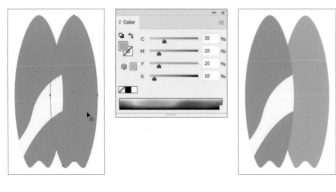

일러스트레이터

04   Ellipse Tool(원형 도구)◯로 하단에 타원을 그린 후 면 색을 적용하고, Alt 키를 누른 채 드래그하여 두 개를 더 복사합니다.

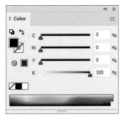

▼합격 Point
≪출력형태≫와 동일한 크기와 모양으로 오브젝트 제작 후 색상을 적용합니다.
C60M20Y40,
Y10,
C30M20Y20K10,
K100

03. Pattern(패턴) 등록 및 활용

01   도구 패널에서 Star Tool(별모양 도구)☆을 선택하고 아트보드에 드래그하여 포인트 5개짜리 별 모양을 그려주고, Color(색상) 패널에서 면 색을 적용합니다.

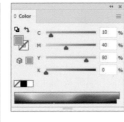

02   Direct Selection Tool(직접 선택 도구)▷로 오브젝트를 선택하고 모퉁이 위젯을 드래그하여 모서리 모양을 둥글게 수정하고, [Object(오브젝트)]-[Path(패스)]-[Offset Path(패스 이동)] 메뉴를 실행하여 Offset(이동) 값을 '−' 값으로 적용합니다.

패스 이동은 원본 오브젝트를 확대하거나 축소하여 복사본을 만드는 기능으로 입력한 값만큼 확대할 경우 원본 뒤에 복사본이 만들어지고, 반대로 축소할 경우에는 − 값을 입력하여 원본 앞에 복사본을 만들어줍니다.

03 축소 복사된 오브젝트에 Color(색상) 패널에서 면 색을 수정하고, 다시 한번 [Object(오브젝트)]–[Path(패스)]–[Offset Path(패스 이동)] 메뉴를 실행하여 Offset(이동) 값을 '–' 값으로 적용하여 면 색을 수정합니다.

일러스트레이터

04 앞서 작업한 별 모양을 패턴으로 등록하기 위해서 Selection Tool(선택 도구) ▶로 전체 오브젝트를 선택하고, [Object(오브젝트)]–[Pattern(패턴)]–[Make(만들기)] 메뉴를 실행합니다. 패턴 옵션 대화 상자에서 Tile Type(타일 유형)을 Brick by Column(열로 벽돌형)로 지정하고 화면 상단의 Done(실행)을 클릭합니다.

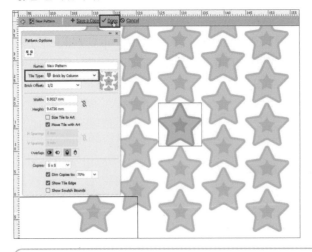

> ✅ 체크 Point
>
> 기존에 오브젝트를 만든 후 사각형 도구로 투명 영역을 잡아 Swatches(견본) 패널로 드래그하여 등록하는 방법 외에 최신 버전에서는 메뉴를 실행하여 패턴 옵션 패널을 이용하여 다양한 타일 유형과 배치 방법 등을 미리보기 하며 패턴으로 등록할 수 있습니다. 물론 기존의 패턴을 편집하려면 Swatches(견본) 패널에서 해당 패턴을 더블클릭하거나 패턴이 포함된 오브젝트를 선택한 다음 [Object(오브젝트)]–[Pattern(패턴)]–[Edit Pattern(패턴 편집)] 명령을 실행하면 됩니다.

05 등록된 패턴을 적용하기 위해서 앞서 제작해 놓은 서핑보드를 선택하고, [Edit(편집)]-[Copy(복사)], [Edit(편집)]-[Paste in Front(앞에 붙이기)] 메뉴를 연속적으로 실행하여 제자리에 하나를 더 붙여넣기 하고, Swatches(견본) 패널에서 등록된 패턴을 클릭하여 채워줍니다.

 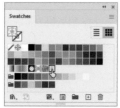 

06 적용된 패턴 무늬가 크거나 작을 경우, 크기를 조절하기 위해서 Scale Tool(크기 조절 도구)🔲을 더블클릭하여 대화상자에서 하단의 Transform Patterns(패턴 변형) 항목만을 체크하고 크기를 조절합니다.

Scale Tool(크기 조절 도구)이나 Rotate Tool(회전 도구) 사용 시 대화상자에서 Options(옵션) 항목 중 Transform Objects(개체 변형)를 체크하지 않고, Transform Patterns(패턴 변형)만 체크하는 이유는 오브젝트의 크기와는 상관없이 패턴 무늬만 크기를 조절하거나 회전시키기 위해서입니다.

07 마지막으로 패턴이 적용된 전체 오브젝트를 선택하고 Free Transform Tool(자유 변형 도구)🔲이나 Bounding Box(테두리 상자)를 사용하여 회전시킵니다.

✅ 합격 Point

≪출력형태≫와 동일한 모양으로 오브젝트 제작 후 패턴을 적용합니다.
C10M40Y80,
C10M20Y80,
[Pattern]

123

Illustrator

04. 튜브 만들기

01 도구 패널에서 Ellipse Tool(원형 도구)◯을 선택하고 Alt + Shift 키를 누른 채 마우스를 드래그하여 정원을 만듭니다. 원이 선택된 상태에서 Scale Tool(크기 조절 도구)◲을 더블클릭하여 대화상자의 Uniform(균일) 항목에서 100%보다 작은 값을 입력하고 Copy(복사) 버튼을 클릭하여 하나를 더 축소 복사합니다.

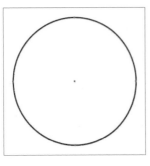  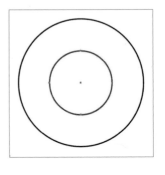

02 그런 다음 두 개의 원을 모두 선택하고, Pathfinder(패스파인더) 패널에서 Exclude(교차 영역 제외)를 적용한 후 Color(색상) 패널에서 면 색을 적용합니다.

03 이번에는 도구 패널에서 Line Segment Tool(선분 도구)╱을 선택하고 원을 가로지르는 직선을 그려줍니다. 하나를 더 옆에 그려준 뒤 수정이 필요할 경우에는 Direct Selection Tool(직접 선택 도구)▷로 고정점을 이동시켜줍니다.

 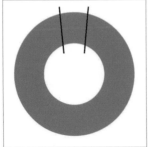

일러스트레이터

04 두 개의 선을 모두 선택하고, 도구 패널에서 Reflect Tool(반사 도구)◖│를 선택합니다. 그런 다음
 Alt 키를 누른 채 중앙이 되는 부분을 클릭하면 대화상자가 나타나고, Axis(축)에서 Horizontal(가
로)을 체크한 후 Copy(복사)를 클릭하여 하나를 더 반사합니다.

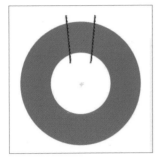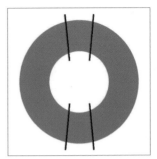

05 위와 동일한 방법으로 좌우에 각각 선을 더 만들고, 전체 오브젝트를 선택한 후 Pathfinder(패스파인
더) 패널에서 Divide(나누기)를 적용합니다.

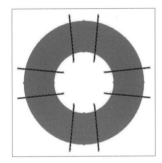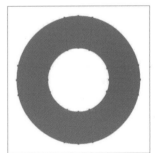

06 연속적으로 [Object(오브젝트)]-[Ungroup(그룹 해제)]을 실행한 후 각각 분리된 오브젝트에
Color(색상) 패널에서 면 색을 적용합니다. 그리고 전체 오브젝트를 선택하여 Free Transform
Tool(자유 변형 도구)▦이나 Bounding Box(테두리 상자)를 사용하여 조금 회전시켜 줍니다.

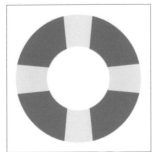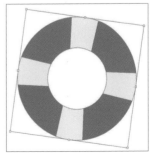

07 도구 패널에서 Pen Tool(펜 도구) 🖋 을 선택하고 명암을 표현하기 위한 각각의 모양을 그려주고, Color(색상) 패널에서 면 색을 적용합니다. 또한 [Window(윈도우)] 메뉴에서 Transparency(투명도) 패널을 불러와 Opacity(불투명도) 값을 적용합니다.

  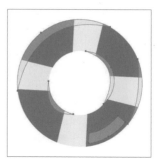

08 이번에는 튜브 모양 외곽에 점선을 표현하기 위해서 Pen Tool(펜 도구) 🖋 을 사용하여 곡선을 그려주고, Color(색상) 패널에서 선 색을 적용합니다. 또한 Stroke(획) 패널에서 선의 두께를 지정하고, Dashed Line(점선 사용) 항목을 체크한 후 dash(점선)과 gap(간격) 값을 직접 입력하여 불규칙적인 점선을 만들어줍니다.

09 하나를 더 만들기 위해서 [Edit(편집)]-[Copy(복사)] 메뉴를 실행하여 클립보드에 오브젝트를 복사합니다. 계속하여 [Edit(편집)]-[Paste in Place(제자리에 붙이기)] 메뉴를 실행하여 제자리에 붙여넣기 하고, Free Transform Tool(자유 변형 도구)💢이나 Bounding Box(테두리 상자)를 사용하여 조금 회전시켜 줍니다.

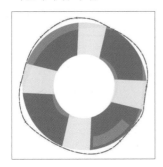 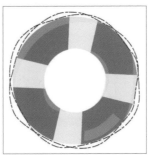

10 도구 패널에서 Rectangle Tool(사각형 도구)□을 선택하고, 점선 위에 사각형을 그려주고, Direct Selection Tool(직접 선택 도구)▷로 모퉁이 위젯을 이동시켜 모양을 수정한 후 Color(색상) 패널에서 면 색을 적용합니다. 또한 Free Transform Tool(자유 변형 도구)💢이나 Bounding Box(테두리 상자)를 사용하여 조금 회전시켜 줍니다.

> Rounded Rectangle Tool(둥근 사각형 도구)을 사용하여 둥근 사각형 모양을 만들고자 한다면 아트보드에 클릭하여 나타난 대화상자에서 Radius(모퉁이 반경) 값을 설정하고 OK(확인)를 누르면 둥근 사각형이 만들어지는데 크기와 모양이 원하는 모양이 아닐 경우에는 삭제하고, 다시 드래그하여 직접 원하는 크기대로 만들어줍니다.

11 Selection Tool(선택 도구)▶로 오브젝트를 선택하고 Alt 키를 누른 채 드래그하여 세 개를 더 복사합니다.

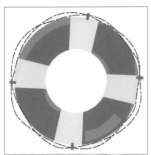

12 마지막으로 하단의 그림자를 표현하기 위해서 도구 패널에서 Ellipse Tool(원형 도구)◯을 선택하고 Alt 키를 누른 채 마우스를 드래그하여 타원을 만듭니다. 그레이디언트 색상을 적용하기 위해서 Gradient(그라디언트) 패널을 불러와 패널에서 Type(유형)을 Radial Gradient(원형 그라디언트)을 지정한 후 Gradient Slider(색상 슬라이더)의 왼쪽 Color Stop(색상)을 더블클릭하여 ≪출력형태≫에서 제시한 색상을 지정합니다. 반대편 색상 또한 위와 동일한 방법으로 색상을 적용합니다.

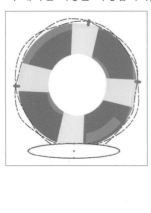

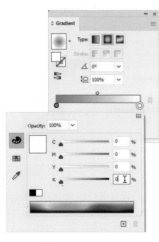

색상 패널에서 색상이 보이지 않을 경우에는 오른쪽 팝업 메뉴를 클릭하여 CMYK 모드를 선택하여 사용하면 되고, 색상을 추가하고자 할 경우에는 색상 슬라이더 하단 부분에 마우스를 클릭하여 추가하거나, 하단으로 드래그하여 삭제하면 됩니다.

일러스트레이터

13 적용된 그레이디언트 색상을 편집하기 위해서 Gradient Tool(그라디언트 도구)█를 선택하면 적용 방향과 위치 영역 등을 조절할 수 있는 조절점이 나타납니다. 상단 조절점을 이동시켜 ≪출력형태≫ 와 동일한 방향이 되도록 조절합니다.

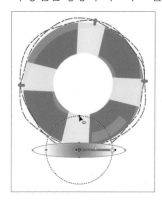 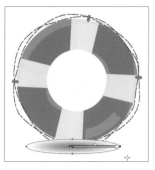

14 마지막으로 원이 선택된 상태에서 [Object(오브젝트)]–[Arrange(정돈)]–[Send to Back(맨 뒤로 보내기)] 메뉴를 실행하여 맨 뒤로 보내줍니다.

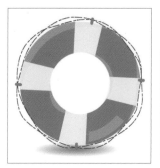

> **▼합격 Point**
> ≪출력형태≫와 동일한 모양으로 오브젝트 제작 후 색상을 적용합니다.
> C70M40K10,
> K10,
> K20, Opacity 30%,
> C70M40K10 → C0M0Y0K0

05. 물안경 만들기

01 도구 패널에서 Rectangle Tool(사각형 도구)█을 선택하고 직사각형 모양을 만든 후 Selection Tool(선택 도구)▶로 모퉁이 위젯을 드래그하여 반경을 조절합니다.

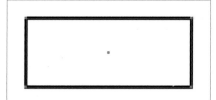 

> Rounded Rectangle Tool(둥근 사각형 도구)을 사용하여 둥근 사각형 모양을 만들고자 한다면 아트보드에 클릭하여 나타난 대화상자에서 Radius(모퉁이 반경) 값을 설정하고 OK(확인)를 누르면 둥근 사각형이 만들어지는데 크기와 모양이 원하는 모양이 아닐 경우에는 삭제하고, 다시 드래그하여 직접 원하는 크기대로 만들어줍니다.

02 그리고 Add Anchor Point Tool(고정점 추가 도구)✏️로 하단의 패스에 고정점을 추가한 후 Direct Selection Tool(직접 선택 도구)▷로 이동하여 모양을 변형시켜줍니다.

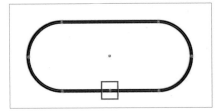 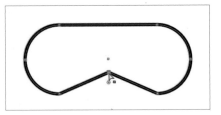

03 계속하여 Anchor Point Tool(고정점 도구)▷을 선택하고 이동시킨 고정점에 마우스를 드래그하여 곡선 모양으로 변형한 후 양쪽의 방향선을 각각 이동시켜 모양을 수정합니다. 또한 Color(색상) 패널에서 면 색을 적용합니다.

 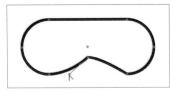 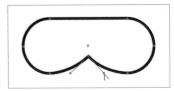

04 오브젝트가 선택된 상태에서 [Object(오브젝트)]-[Path(패스)]-[Offset Path(패스 이동)] 메뉴를 실행하여 Offset(이동) 값을 '–' 값으로 적용하여 하나씩을 더 축소 복사한 후 색상을 변경합니다.

 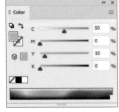 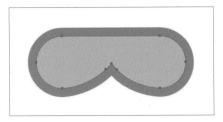

05 도구 패널에서 Ellipse Tool(원형 도구)◯을 선택하고 Alt 키를 누른 채 마우스를 드래그하여 타원
형을 만든 후 Direct Selection Tool(직접 선택 도구) ▷로 상단의 고정점 하나를 선택하여 Delete 키
로 삭제합니다. 그리고 Stroke(획) 패널에서 선의 두께를 적용하고 Corner(모퉁이) 옵션에서 Round
Join(둥근 모서리)을 선택하여 모서리 부분을 둥글게 처리해 줍니다.

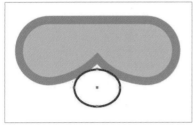

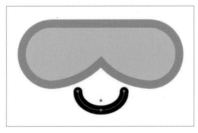

06 계속하여 [Object(오브젝트)]-[Path(패스)]-[Outline Stroke(윤곽 선)] 메뉴를 실행하여 선을 면으로
변환시켜 주고, Color(색상) 패널에서 면 색을 적용합니다.

07 도구 패널에서 Rectangle Tool(사각형 도구)□을 선택하고 직사각형 모양을 만든 후 Selection Tool(선택 도구)▶로 모퉁이 위젯을 드래그하여 반경을 조절합니다. 또한 Stroke(획) 패널에서 선의 두께를 적용한 후 Cap(단면) 모양을 Round Cap(둥근 단면)으로 지정합니다.

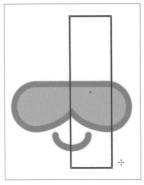
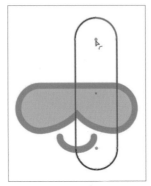

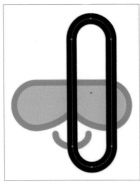

08 Direct Selection Tool(직접 선택 도구)▷로 불필요한 고정점을 삭제한 후 [Object(오브젝트)]–[Path(패스)]–[Outline Stroke(윤곽 선)] 메뉴를 실행하여 선을 면으로 변환시켜 주고, Color(색상) 패널에서 면 색을 적용합니다.

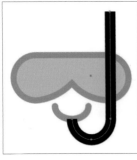
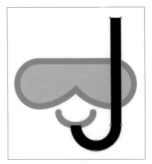

일러스트레이터

09 도구 패널에서 Line Segment Tool(선분 도구)을 선택하고 상단에 Shift 키를 누른 채 드래그하여 직선을 두 개 그려줍니다. 그런 다음 곡선 모양 오브젝트와 두 개의 선을 선택하고, Pathfinder(패스파인더) 패널에서 Divide(나누기)를 적용한 후 [Object(오브젝트)]-[Ungroup(그룹 해제)]을 실행하여 각각 면 색을 적용합니다.

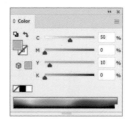

🏅합격 Point

≪출력형태≫와 동일한 모양으로 오브젝트 제작 후 색상을 적용합니다.
C70M20K30,
C50Y10,
M40Y90

06. 라벨 만들기 및 물안경 활용

앞서 제작해 놓은 물안경 오브젝트를 Alt 키를 사용하여 복사한 후 Free Transform Tool(자유 변형 도구)를이나 Bounding Box(테두리 상자)를 사용하여 크기를 축소합니다. 그런 다음 [Edit(편집)]-[Copy(복사)], [Edit(편집)]-[Paste in Front(앞에 붙이기)] 메뉴를 연속적으로 실행하여 제자리에 하나를 더 붙여넣기 하고, Pathfinder(패스파인더) 패널에서 Unite(합치기)를 눌러 하나로 합쳐줍니다.

합쳐진 오브젝트를 선택하고, [Object(오브젝트)]-[Path(패스)]-[Offset Path(패스 이동)] 메뉴를 실행하여 Offset(이동) 값을 '+' 값으로 적용하여 확대 복사한 후 Color(색상) 패널에서 선 색을 적용합니다.

일러스트레이터

03 또한 Stroke(획) 패널에서 선의 두께를 지정하고, Dashed Line(점선 사용) 항목을 체크한 후 dash(점선)과 gap(간격) 값을 직접 입력하여 규칙적인 점선을 만들어줍니다.

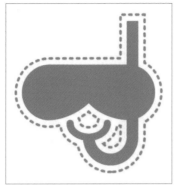

04 앞서 합쳐진 오브젝트의 면 색을 변경하고, 튜브 위에 이동시켜 Free Transform Tool(자유 변형 도구)🔲이나 Bounding Box(테두리 상자)를 사용하여 축소하고, Alt 키를 누른 채 드래그한 후 연속적으로 [Object(오브젝트)]-[Transform(변형)]-[Transform Again(변형 반복)] 메뉴를 실행합니다. 그리고 세 개의 오브젝트를 모두 선택하여 [Object(오브젝트)]-[Group(그룹)] 메뉴를 실행하여 하나의 그룹으로 묶어줍니다.

05 마지막으로 도구 패널에서 Rectangle Tool(사각형 도구)🔲을 선택하고 Alt + Shift 키를 누른 채 마우스를 드래그하여 정사각형을 만든 후 Color(색상) 패널에서 면 색을 적용합니다.

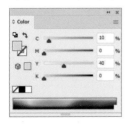

06 그리고 [Object(오브젝트)]-[Arrange(정돈)]-[Send to Back(맨 뒤로 보내기)] 메뉴를 실행하여 앞서 작업한 형태 뒤로 보내주고, 전체 오브젝트를 이동시켜 앞서 제작해 놓은 튜브 옆에 배치한 후 크기를 조절하거나 회전시켜 줍니다.

 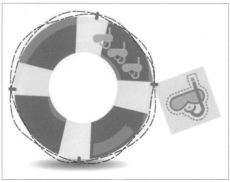

07. 문자 입력

01 도구 패널에서 Type Tool(문자 도구) T 을 선택하고 아트보드에 클릭하여 문자를 입력합니다.
Character(문자) 패널에서 조건에서 제시한 글꼴과 크기, 스타일을 지정하고, Color(색상) 패널에서 색상을 각각 적용합니다.

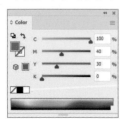 

A WILD SEA

02 그런 다음 서핑보드 위에 배치한 후 Free Transform Tool(자유 변형 도구)⊞이나 Bounding Box(테두리 상자)를 사용하여 회전시켜 줍니다.

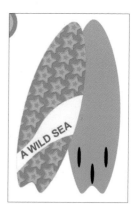

03 나머지 문자 또한 Type Tool(문자 도구) T로 입력한 후 Character(문자) 패널에서 조건에서 제시한 글꼴과 크기, 스타일을 지정하고, Color(색상) 패널에서 색상을 적용합니다.

✔ 체크 Point

≪조건≫에서 제시한 문자의 속성 이외에 제시되지 않은 문자 속성을 기본값으로 작성하지 않을 경우에는 감점 처리됩니다.

⩒ 합격 Point

≪조건≫에서 제시한 문자를 입력하고, ≪출력형태≫와 동일하게 레이아웃을 정리합니다.
① A WILD SEA (Arial, Bold, 9pt, C100M40Y30)
② Enjoy Your Surfing (Arial, Regular, 9pt, C90M50Y30K50)

08. 레이아웃 정리 및 답안 전송하기

01 전체 작업이 모두 끝났으므로 《출력형태》와 동일하게 눈금자 또는 안내선을 이용하여 오브젝트의 크기와 위치 등을 조절합니다.

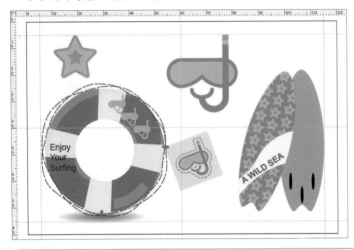

음 안내선을 끌어왔을 경우 기본적으로 잠겨있는 상태이기 때문에 개별적으로 이동시키거나 삭제하기 위해서는 [View(보기)]-[Guide(안내선)]-[Unlock Guides(안내선 잠금)] 메뉴를 실행하여 잠금을 해제하면 됩니다.

> ✅ **체크 Point**
>
> 작업된 오브젝트의 크기를 조절하고자 할 경우 Scale Tool(크기 조절 도구)을 사용하지 않고 Free Transform Tool(자유 변형 도구)이나 Bounding Box(테두리 상자)을 사용할 경우 Scale Tool(크기 조절 도구) 대화상자에서 Scale Strokes & Effects(선과 효과 크기 조절) 항목이 체크 되어 있지 않은 상태에서 사용하여야 기존의 선의 두께에 영향을 주지 않고 크기를 조절할 수 있습니다.

02 안내선을 사용하였을 경우 [View(보기)]-[Guides(안내선)]-[Hide Guides(안내선 숨기기)] 메뉴를 실행하여 안내선을 숨기고, 또한 [View(보기)]-[Ruler(눈금자)]-[Hide Rulers(눈금자 숨기기)]를 클릭하여 눈금자를 가려줍니다. 마지막으로 [File(파일)]-[Save(저장하기)] 메뉴를 실행하여 앞서 미리 저장해 두었던 파일로 최종 덮어쓰기 하여 작업을 마무리합니다.

앞서 아트보드를 저장하지 않았다면 답안 폴더 '내 PC₩문서₩GTQ'를 지정하고, 파일 이름은 '수험번호−성명−문제번호.ai', 파일 형식은 'Adobe Illustrator(*.AI)'를 지정하고 저장을 클릭합니다. 대화상자에서 Version(버전)을 현재 사용하고 있는 버전으로 지정하고 OK(확인)를 클릭하여 저장하도록 합니다.

03 답안을 전송하기 전에 '내 PC₩문서₩GTQ' 폴더 안에 앞서 작업한 파일에 대한 파일 이름과 파일 형식 등을 확인하고 수험 프로그램에서 [답안 전송]을 클릭하여 감독관 컴퓨터로 전송합니다.

PART 04

기출문제
유형 모의고사

유형 01　　GTQ [그래픽기술자격−일러스트]

　　　　　　　문제 1　기본 툴 활용

　　　　　　　문제 2　문자와 오브젝트

　　　　　　　문제 3　어플리케이션 디자인

유형 02　　GTQ [그래픽기술자격−일러스트]

　　　　　　　문제 1　기본 툴 활용

　　　　　　　문제 2　문자와 오브젝트

　　　　　　　문제 3　어플리케이션 디자인

GTQi (그래픽기술자격-일러스트)

급수	문제유형	시험시간	수험번호	성 명
2급		90분		

kpc 한국생산성본부

142

일러스트레이터

문제1 기본 툴 활용 [25점]

다음의 《조건》에 따라 아래의 《출력형태》와 같이 작업하시오.

《조건》

파일저장규칙	AI	파일명	문서\GTQ\수험번호-성명-1.ai
		크기	100 × 80mm

1. 작업 방법

① 도형, 변형 툴과 Pathfinder 기능을 활용하여 오브젝트를 작성한다.
② 그 외 《출력형태》 참조

《출력형태》

C60M50Y50K40,
C50M40Y40K30,
M20Y30,
C20M60Y90K10,
M40Y80,
M60, K100,
(선/획)
C20M60Y90K10, 2pt

문제2 문자와 오브젝트 [35점]

다음의 《조건》에 따라 아래의 《출력형태》와 같이 작업하시오.

《조건》

파일저장규칙	AI	파일명	문서₩GTQ₩수험번호-성명-2.ai
		크기	100 × 80mm

1. 작업 방법

① 'PET GROOMING' 문자에 Times New Roman (Bold) 폰트를 적용한다.
② 'Pet Beauty Sale to Celebrate Opening Day' 문자에 Type on a Path Tool을 활용한다.
③ Brush는 《출력형태》 참고하여 작성한다.
④ Effect는 《출력형태》를 참고하여 작성한다.
⑤ 그 외 《출력형태》 참조

2. 문자 효과

① Pet Beauty Sale to Celebrate Opening Day (Arial, Regular, 9pt, C80M60Y50)

《출력형태》

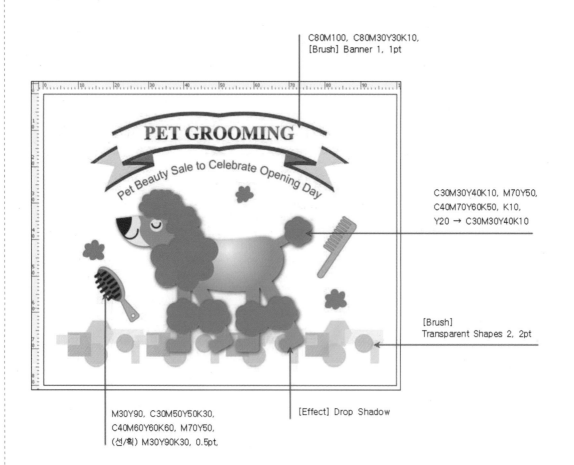

C80M100, C80M30Y30K10,
[Brush] Banner 1, 1pt

C30M30Y40K10, M70Y50,
C40M70Y60K50, K10,
Y20 → C30M30Y40K10

[Brush]
Transparent Shapes 2, 2pt

[Effect] Drop Shadow

M30Y90, C30M50Y50K30,
C40M60Y60K60, M70Y50,
(선/획) M30Y90K30, 0.5pt,

문제3 어플리케이션 디자인 [40점]

다음의 《조건》에 따라 아래의 《출력형태》와 같이 작업하시오.

《조건》

파일저장규칙	AI	파일명	문서₩GTQ₩수험번호-성명-3.ai
		크기	120 × 80mm

1. 작업 방법
① 도형 툴로 오브젝트를 제작한 후 Pattern을 활용하여 작성한다.(패턴 등록 : 밥그릇)
② 캔에는 규칙적인 점선을, 사료 백에는 불규칙적인 점선을 설정한다.
③ 사료 백에 Pattern을 적용한다.
④ 사료 백에 배치된 오브젝트는 정렬, 간격을 일정하게 한 후 Group 설정을 한다.
⑤ 그 외 《출력형태》 참조

2. 문자 효과
① CAT FOOD (Arial, Bold, 12pt, C0M0Y0K0)
② A cat snack made of fish (Times New Roman, Regular, 10pt, C60M50Y20K30)

《출력형태》

M50Y80, C60M70Y50K40,
M20Y20, C60Y20,
C0M0Y0K0, K20

[Group]

[Pattern]

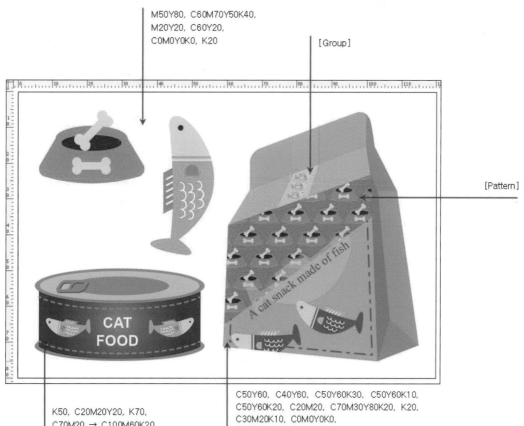

K50, C20M20Y20, K70,
C70M20 → C100M60K20,
(선/획) C70M20, 1pt

C50Y60, C40Y60, C50Y60K30, C50Y60K10,
C50Y60K20, C20M20, C70M30Y80K20, K20,
C30M20K10, C0M0Y0K0,
C20M20, Opacity 50%,
(선/획) C70M30Y80K20, 1pt

문제1 기본 툴 활용

··· 25점

새 아트보드 만들기 및 파일 저장하기 → 고양이 얼굴 만들기 → 고양이 몸 만들기 → 붕어빵 만들기 → 하트 만들기 → 레이아웃 정리 및 답안 전송하기

01. 새 아트보드 만들기 및 파일 저장하기

01 [File(파일)]–[New(새로 만들기)] 메뉴를 선택하고 Width(폭) 100mm와 Height(높이) 80mm를 입력합니다. Units(단위)는 Millimeters(밀리미터)를 지정하고, Color Mode(색상 모드)는 CMYK를 선택합니다.

> **✚ 합격 Point**
>
> 《조건》에서 제시한 아트보드의 크기를 정확하게 지켜주어야 하며, 답안 작성요령에 제시된 것처럼 이미지 모드는 CMYK를 지정하고, 단위는 mm(밀리미터)를 지정하여야 합니다.

02 앞서 학습하였듯이 안내선을 이용하여 작업 창을 등분한 후 [File(파일)]–[Save(저장)] 메뉴를 실행하고 저장 위치를 '내 PC₩문서₩GTQ' 폴더로 지정합니다. 파일 형식은 'Adobe Illustrator(＊.Ai)', 파일 이름은 '수험번호-성명-문제번호.ai'를 입력하고 저장합니다.

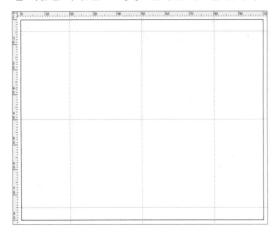

일러스트레이터

02. 고양이 얼굴 만들기

01 도구 패널에서 Ellipse Tool(원형 도구)◯을 선택하고 마우스를 드래그하여 타원형을 만든 후 Color(색상) 패널에서 면 색을 적용합니다.

02 다시 Pen Tool(펜 도구) ✒️ 을 선택하고 고양이 귀 모양을 그려주고, Scale Tool(크기 조절 도구) 🔲 을
더블클릭합니다. 대화상자의 Uniform(균일) 항목에서 100%보다 작은 값을 입력하고 Copy(복사) 버튼
을 클릭하여 하나를 더 축소 복사한 후 각각의 오브젝트에 Color(색상) 패널에서 면 색을 적용합니다.

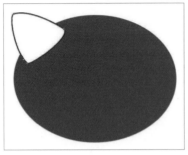

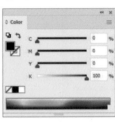

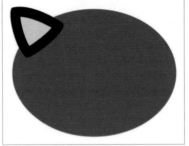

03 두 개의 오브젝트를 선택하고 도구 패널에서 Reflect Tool(반사 도구) ◀ᐅ 를 선택합니다. 그런 다음
Alt 키를 누른 채 중앙이 되는 부분을 클릭하면 대화상자가 나타나고, Axis(축)에서 Vertical(세로)을
체크한 후 Copy(복사)를 클릭하여 하나를 더 반사합니다.

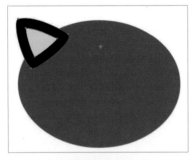

일러스트레이터

04 반사된 오브젝트를 선택하고 Free Transform Tool(자유 변형 도구)⊞이나 Bounding Box(테두리 상자)를 사용하여 크기를 조금 키워줍니다. 그런 다음 귀 모양 전체 오브젝트를 선택하고, [Object(오 브젝트)]-[Arrange(정돈)]-[Send to Back(맨 뒤로 보내기)] 메뉴를 실행하여 얼굴 형태 뒤로 보내줍 니다.

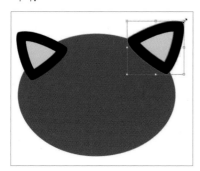 

05 이번에는 눈을 만들기 위해서 도구 패널에서 Pen Tool(펜 도구)✐을 선택하고 곡선을 그려준 뒤 Stroke(획) 패널에서 선의 두께를 지정하고, Cap(단면) 모양을 Round Cap(둥근 단면)으로 지정합 니다.

06 선이 선택된 상태에서 [Object(오브젝트)]-[Path(패스)]-[Outline Stroke(윤곽 선)] 메뉴를 실행하여 선을 면으로 변환시켜 주고, Color(색상) 패널에서 면 색을 적용합니다.

Outline Stroke(윤곽선)은 선을 면으로 바꿔주는 기능으로 Stroke(획) 패널에 서 선의 두께를 지정한 만큼 면으로 변 환시켜 줍니다.

07 Selection Tool(선택 도구) ▶로 눈 오브젝트를 선택하고 Alt 키를 누른 채 드래그하여 오른쪽에 하나를 더 복사한 후 Free Transform Tool(자유 변형 도구)⤢이나 Bounding Box(테두리 상자)를 사용하여 회전시켜 줍니다.

08 도구 패널에서 Ellipse Tool(원형 도구)◯을 선택하고 마우스를 드래그하여 타원형을 만든 후 Color(색상) 패널에서 면 색을 적용합니다. 다시 작은 원을 하나 더 겹쳐 그린 후 면 색을 적용합니다.

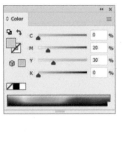

09 입 모양을 만들기 위해 Pen Tool(펜 도구)✏을 선택하고 곡선을 그려준 뒤 Stroke(획) 패널에서 선
의 두께를 지정하고, Cap(단면) 모양을 Round Cap(둥근 단면)으로 지정합니다. 또한 [Object(오브젝
트)]-[Path(패스)]-[Outline Stroke(윤곽 선)] 메뉴를 실행하여 선을 면으로 변환시켜 주고, Color(색
상) 패널에서 면 색을 적용합니다.

10 다시 Pen Tool(펜 도구)✏을 선택하고 입 모양을 그려준 뒤, 면 색을 적용합니다.

11 마지막으로 Ellipse Tool(원형 도구)◉을 사용하여 Shift 키를 누른 채 드래그하여 볼 부분에 해당하는 정원을 그린 후 면 색을 적용하고, Alt 키를 누른 채 드래그하여 하나를 더 복사한 후 Free Transform Tool(자유 변형 도구)▦이나 Bounding Box(테두리 상자)를 사용하여 크기를 조절합니다.

합격 Point

≪출력형태≫와 동일한 모양과 색상으로 오브젝트를 제작합니다.
C60M50Y50K40,
K100,
M20Y30,
C20M60Y90K10,
M60

03. 고양이 몸 만들기

01 도구 패널에서 Pen Tool(펜 도구)✐을 선택하고 고양이 몸에 해당하는 부분을 그려주고, Color(색상) 패널에서 면 색을 적용합니다.

일러스트레이터

02 안쪽의 배 부분과 팔, 다리 부분을 각각 그려준 뒤, 면 색을 적용합니다.

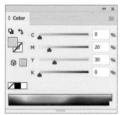 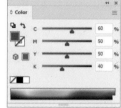 

03 다시 하트 모양의 꼬리 부분을 그려준 뒤 Stroke(획) 패널에서 선의 두께를 지정하고, Cap(단면) 모양은 Round Cap(둥근 단면), Corner(모서리) 모양은 Round Join(둥근 연결)으로 지정합니다.

04 선이 선택된 상태에서 [Object(오브젝트)]−[Path(패스)]−[Outline Stroke(윤곽 선)] 메뉴를 실행하여 선을 면으로 변환시켜 주고, Color(색상) 패널에서 면 색을 적용합니다. 전체적으로 [Object(오브젝트)]−[Arrange(정돈)] 기능을 사용하여 앞뒤 면을 정리합니다.

05 이제 앞서 제작해 놓은 얼굴을 이동하여 Free Transform Tool(자유 변형 도구)❐이나 Bounding Box(테두리 상자)를 사용하여 회전시켜 주고, [Object(오브젝트)]-[Arrange(정돈)] 기능을 사용하여 앞뒤 면을 정리합니다.

⚑ 합격 Point

≪출력형태≫와 동일한 모양과 색상으로 오브젝트를 제작합니다.
C50M40Y40K30,
C60M50Y50K40,
M20Y30

04. 붕어빵 만들기

01 도구 패널에서 Pen Tool(펜 도구)✐을 선택하고 붕어빵 모양을 그려준 뒤 Color(색상) 패널에서 면 색을 적용합니다. 필요시 Direct Selection Tool(직접 선택 도구)▷로 고정점과 방향점 등을 이동하여 모양을 수정합니다.

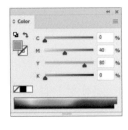
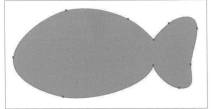

02 Selection Tool(선택 도구)▶로 오브젝트를 선택하고 Alt 키를 누른 채 아래로 드래그하여 하나를 더 복사한 후 Color(색상) 패널에서 면 색을 수정합니다.

03 또한 Direct Selection Tool(직접 선택 도구) ▷ 로 모양을 수정한 후 [Object(오브젝트)]-[Arrange(정돈)]-[Send to Back(맨 뒤로 보내기)] 메뉴를 실행하여 뒤로 보내줍니다.

04 이제 무늬를 만들기 위해서 도구 패널에서 Pen Tool(펜 도구) ✏ 을 선택하고 눈과 비늘에 해당하는 부분을 각각 그려줍니다.

05 그런 다음 Color(색상) 패널에서 선 색을 적용하고, Stroke(획) 패널에서 선의 두께를 지정한 후 Cap(단면) 모양을 Round Cap(둥근 단면)으로 지정합니다.

06 전체 오브젝트를 선택하고 앞서 제작해 놓은 고양이 위에 배치한 후 Free Transform Tool(자유 변형 도구)🔲이나 Bounding Box(테두리 상자)를 사용하여 회전시켜 주고, 팔 부분을 [Object(오브젝트)]–[Arrange(정돈)]–[Bring to Front(맨 앞으로 보내기)] 메뉴를 실행하여 앞으로 보내줍니다.

> **🔻합격 Point** -
>
> 《출력형태》와 동일한 모양과 색상으로 오브젝트를 제작합니다.
> C20M60Y90K10,
> M40Y80,
> (선/획) C20M60Y90K10, 2pt

05. 하트 만들기

01 도구 패널에서 Ellipse Tool(원형 도구)⬭을 선택하고 [Shift] 키를 누른 채 마우스를 드래그하여 정원을 만든 후 Color(색상) 패널에서 면 색을 적용합니다.

 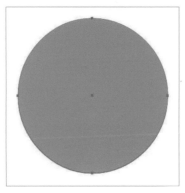

일러스트레이터

02 Direct Selection Tool(직접 선택 도구) ▷로 상단 중앙의 고정점을 아래로 이동하여 모양을 수정한 후 Anchor Point Tool(고정점 도구) ⌐로 양쪽 방향선을 각각 이동시켜 모양을 수정합니다.

 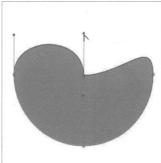 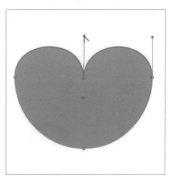

03 계속하여 Anchor Point Tool(고정점 도구) ⌐로 하단의 고정점에 해당하는 방향선 또한 이동시켜 모양을 수정하고 Direct Selection Tool(직접 선택 도구) ▷로 하트 모양을 변형시켜 줍니다.

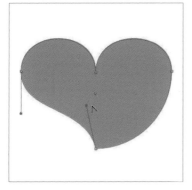 

04 마지막으로 고양이 옆에 이동시켜 배치하고, Selection Tool(선택 도구) ▶로 Alt 키를 누른 채 드래그하여 두 개의 하트를 더 복사한 후 Free Transform Tool(자유 변형 도구)▨이나 Bounding Box(테두리 상자)를 사용하여 각각 크기를 조절하고 회전시켜 줍니다.

> **❤️합격 Point** ----------------------------
> ≪출력형태≫와 동일한 모양과 색상으로 오브젝트를 제작합니다.
> M60

일러스트레이터

06. 레이아웃 정리 및 답안 전송하기

01 전체 작업이 모두 끝났으므로 ≪출력형태≫와 동일하게 눈금자 또는 안내선을 이용하여 오브젝트의 크기와 위치 등을 조절합니다.

> **✔️체크 Point** ----------------------------
> 작업된 오브젝트의 크기를 조절하고자 할 경우 Scale Tool(크기 조절 도구)을 사용하지 않고 Free Transform Tool(자유 변형 도구)이나 Bounding Box(테두리 상자)을 사용할 경우 Scale Tool(크기 조절 도구) 대화상자에서 Scale Strokes & Effects(선과 효과 크기 조절) 항목이 체크 되어 있지 않은 상태에서 사용하여야 기존의 선의 두께에 영향을 주지 않고 크기를 조절할 수 있습니다.

02 안내선을 사용하였을 경우 [View(보기)]-[Guides(안내선)]-[Hide Guides(안내선 숨기기)] 메뉴를 실행하여 안내선을 숨기고, 또한 [View(보기)]-[Ruler(눈금자)]-[Hide Rulers(눈금자 숨기기)]를 클릭하여 눈금자를 가려줍니다. 마지막으로 [File(파일)]-[Save(저장하기)] 메뉴를 실행하여 앞서 미리 저장해 두었던 파일로 최종 덮어쓰기하여 작업을 마무리합니다.

▼합격 Point

앞서 아트보드를 저장하지 않았다면 답안 폴더 '내 PC₩문서₩GTQ'를 지정하고, 파일 이름은 '수험번호-성명-문제번호.ai', 파일 형식은 'Adobe Illustrator(*.AI)'를 지정하고 저장을 클릭합니다. 대화상자에서 Version(버전)을 현재 사용하고 있는 버전으로 지정하고 OK(확인)를 클릭하여 저장하도록 합니다.

03 답안을 전송하기 전에 '내 PC₩문서₩GTQ' 폴더 안에 앞서 작업한 파일에 대한 파일 이름과 파일 형식 등을 확인하고 수험 프로그램에서 [답안 전송]을 클릭하여 감독관 컴퓨터로 전송합니다.

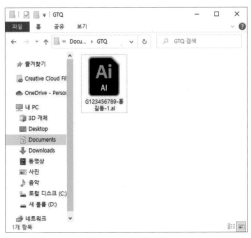

문제 2 문자와 오브젝트

새 아트보드 만들기 및 파일 저장하기 → 강아지 제작 및 Effect(효과) 적용하기 → 빗 만들기 → Brush(브러쉬) 적용하기 → 문자 입력 및 활용 → 레이아웃 정리 및 답안 전송하기

01. 새 아트보드 만들기 및 파일 저장하기

01 [File(파일)]–[New(새로 만들기)] 메뉴를 선택하고 Width(폭) 100mm와 Height(높이) 80mm를 입력합니다. Units(단위)는 Millimeters(밀리미터)를 지정하고, Color Mode(색상 모드)는 CMYK를 선택합니다.

> **🔽 합격 Point**
>
> 《조건》에서 제시한 아트보드의 크기를 정확하게 지켜주어야 하며, 답안 작성요령에 제시된 것처럼 이미지 모드는 CMYK를 지정하고, 단위는 mm(밀리미터)를 지정하여야 합니다.

02 앞서 학습하였듯이 안내선을 이용하여 작업 창을 등분한 후 [File(파일)]–[Save(저장)] 메뉴를 실행하고 저장 위치를 '내 PC\문서\GTQ' 폴더로 지정합니다. 파일 형식은 'Adobe Illustrator(*.Ai)', 파일 이름은 '수험번호–성명–문제번호.ai'를 입력하고 저장합니다.

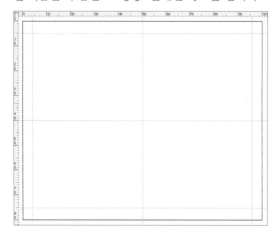

일러스트레이터

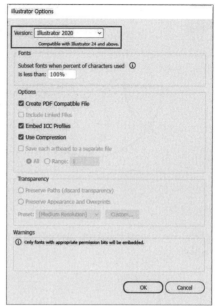

✅합격 Point

수험자 유의사항에 제시된 [파일명은 본인의 "수험번호–성명–문제번호"로 공백 없이 정확히 입력하고 답안폴더(내PC₩문서₩GTQ₩)에 ai 파일 포맷으로 저장해야 하며, 다른 파일 형식과 버전으로 저장하였을 경우 0점 처리됩니다. 답안문서 파일명이 "수험번호–성명–문제번호"와 일치하지 않거나, 답안 파일을 전송하지 않아 미제출로 처리될 경우 불합격 처리됩니다. (예 : 내 PC₩문서₩GTQ₩G123456789–홍길동–1.ai)] 위 내용대로 꼭 지켜주어야 합니다.

02. 강아지 제작 및 Effect(효과) 적용하기

01 도구 패널에서 Ellipse Tool(원형 도구)◯을 선택하고 **Shift** 키를 누른 채 마우스를 드래그하여 정원을 만듭니다. Direct Selection Tool(직접 선택 도구)▶로 상단 중앙의 고정점을 **Delete** 키를 눌러 삭제하고, 반원 형태의 양쪽 끝 고정점 두 개만을 선택한 후 [Object(오브젝트)]–[Path(패스)]–[Join(연결)] 메뉴를 실행합니다.

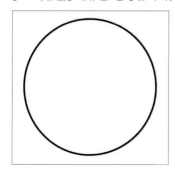

Join(연결)은 열린 패스와 패스를 연결하는 기능으로 연결하고자 하는 양쪽 끝 고정점 두 개만을 선택한 후 명령을 적용합니다.

02 Pen Tool(펜 도구)✏️을 사용하여 곡선 두 개를 각각 그려준 뒤 전체 오브젝트를 선택하고, Pathfinder (패스파인더) 패널에서 Divide(나누기)를 적용합니다. 또한 [Object(오브젝트)]−[Ungroup(그룹 해제)]을 실행하여 각각 분리시켜 줍니다.

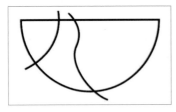  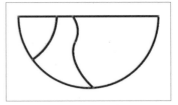

03 분리된 오브젝트에 Color(색상) 패널에서 각각 면 색을 적용하고, Ellipse Tool(원형 도구)⬭로 눈에 해당하는 정원을 그린 후 마찬가지로 면 색을 적용합니다.

 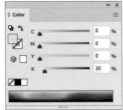 

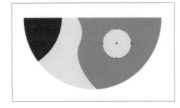

일러스트레이터

04 안쪽에 다시 정원을 하나 더 그리고, Direct Selection Tool(직접 선택 도구)▷로 상단 고정점을 삭제한 후 Color(색상) 패널에서 선 색을 적용합니다. 또한 Stroke(획) 패널에서 선의 두께를 지정하고, Cap(단면) 모양을 Round Cap(둥근 단면)으로 지정합니다.

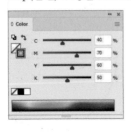  

05 [Object(오브젝트)]–[Path(패스)]–[Outline Stroke(윤곽 선)] 메뉴를 실행하여 선을 면으로 변환시켜 주고, 입 모양에 해당하는 오브젝트 또한 위와 동일한 방법으로 원을 이용하여 만듭니다.

06 도구 패널에서 Pen Tool(펜 도구) 을 선택하고 강아지 몸에 해당하는 부분을 직접 그려주고, 그 레이디언트 색상을 적용하기 위해서 Gradient(그라디언트) 패널을 불러와 패널에서 Type(유형) 을 Radial Gradient(원형 그라디언트)을 지정한 후 Gradient Slider(색상 슬라이더)의 왼쪽 Color Stop(색상)을 더블클릭하여 《출력형태》에서 제시한 색상을 지정합니다. 반대편 색상 또한 위와 동 일한 방법으로 색상을 적용합니다.

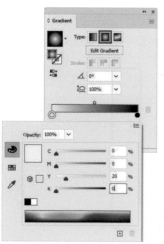 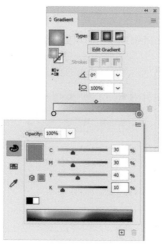 

07 적용된 그레이디언트 색상을 편집하기 위해서 Gradient Tool(그라디언트 도구)▮를 선택하면 적용 방향과 위치 영역 등을 조절할 수 있는 조절점이 나타납니다. 중앙 조절점을 이동시켜 위치를 조절할 수 있으며, 마우스를 드래그하여 《출력형태》와 동일한 방향이 되도록 조절합니다.

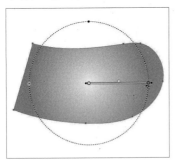 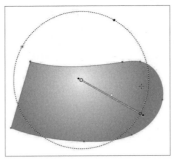

> 상위 버전에서는 그라디언트 도구를 선택하면 그레이디언트 적용 위치와 방향각 슬라이더의 색상과 위치를 세밀하게 조절할 수 있는 주석자가 나타납니다. 만일 조절점이 보이지 않는다면 [View(보기)] 메뉴에서 Show Gradient Annotator(그라디언트 주석자 표시)를 선택하여 사용자가 원하는 환경을 만들어 사용합니다.

08 이번에는 다리를 만들기 위해서 도구 패널에서 Rectangle Tool(사각형 도구)▢을 선택하고 직사각 형을 그려줍니다. 다시 Pen Tool(펜 도구)✎을 사용하여 발에 해당하는 부분을 직접 그려준 뒤 전체 오브젝트를 선택하고, Pathfinder(패스파인더) 패널에서 Unite(합치기)를 눌러 하나로 합쳐줍니다.

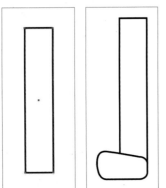  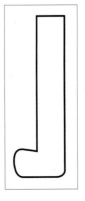

09 Color(색상) 패널에서 면 색을 적용하고, Selection Tool(선택 도구) ▶로 Alt 키를 누른 채 드래그
하여 복사한 후 Free Transform Tool(자유 변형 도구)⬚이나 Bounding Box(테두리 상자)를 사용하
여 회전시켜 줍니다.

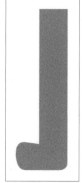

10 다시 두 개의 다리를 선택한 후 위와 동일한 방법으로 옆으로 복사한 후 자연스럽게 배치하고,
[Object(오브젝트)]-[Arrange(정돈)]-[Send to Back(맨 뒤로 보내기)] 메뉴를 실행하여 몸 형태 뒤
로 보내줍니다.

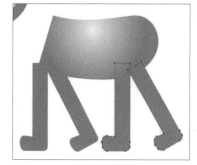
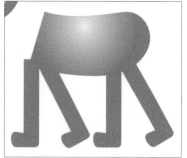

11 꼬리와 목 부분 또한 사각형을 그려 배치한 후 [Object(오브젝트)]-[Arrange(정돈)]-[Send to
Back(맨 뒤로 보내기)] 메뉴를 실행하여 몸 형태 뒤로 보내줍니다.

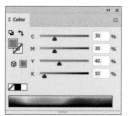

12 이제 강아지 털 부분을 표현하기 위해서 도구 패널에서 Ellipse Tool(원형 도구)◯을 선택하고 Shift 키를 누른 채 마우스를 드래그하여 정원을 만든 후 Color(색상) 패널에서 면 색을 적용합니다.

13 Alt 키를 이용하여 복사하거나, 여러 개의 원을 겹쳐 그린 후 전체 오브젝트를 선택하고 Pathfinder (패스파인더) 패널에서 Unite(합치기)를 눌러 하나로 합쳐줍니다.

14 위와 동일한 방법으로 나머지 털 부분 또한 원과 Pathfinder(패스파인더) 기능을 사용하여 직접 만든 후 배치합니다.

일러스트레이터

15 다리 털 부분을 만들기 위해 먼저 Ellipse Tool(원형 도구)◯을 선택하고 Shift 키를 누른 채 마우스를 드래그하여 정원을 만든 후 Color(색상) 패널에서 면 색을 적용합니다.

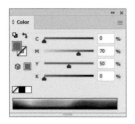 

16 그런 다음 원을 선택하고 도구 패널의 Rotate Tool(회전 도구)↻을 지정한 후 Alt 키를 누른 채 중심이 되는 부분을 클릭합니다. 대화상자에서 Angle(회전 각도) 값을 입력하고 Copy(복사) 버튼을 클릭하여 하나를 더 복사한 후 계속하여 [Object(오브젝트)]-[Transform(변형)]-[Transform Again(변형 반복)] 명령을 반복적으로 실행합니다.

변형 반복 기능은 바로 전에 움직인 명령에 대한 반복 명령으로 오브젝트가 선택되어 있는 상태에서 Ctrl + D 를 눌러 단축키를 사용해도 됩니다.

전체 오브젝트를 선택하고, Pathfinder(패스파인더) 패널에서 Unite(합치기)를 눌러 하나로 합쳐준 뒤 여러 개를 복사하여 각각 배치합니다.

일러스트레이터

18

마지막으로 Effect(효과) 효과를 적용하기 위해서 전체 오브젝트를 모두 선택하고 [Object(오브젝트)]-[Group(그룹)] 메뉴를 실행하여 하나의 그룹으로 묶어줍니다. 그런 다음 [Effect(효과)]-[Stylize(스타일화)]-Drop Shadow(그림자 효과)] 메뉴를 실행하여 대화상자에서 퍼짐 정도와 그림자 위치 등을 조절하여 효과를 적용합니다.

➕합격 Point

≪출력형태≫와 동일한 모양과 색상으로 오브젝트 제작 후 Effect(효과)를 적용합니다.
C30M30Y40K10,
M70Y50,
C40M70Y60K50,
K10,
Y20 → C30M30Y40K10
[Effect] Drop Shadow

03. 빗 만들기

01 도구 패널에서 Rectangle Tool(사각형 도구)▣을 선택하고 직사각형 모양을 만든 후 Selection Tool(선택 도구)▶로 모퉁이 위젯을 드래그하여 반경을 조절합니다.

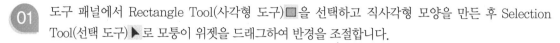

> Rounded Rectangle Tool(둥근 사각형 도구)을 사용하여 둥근 사각형 모양을 만들고자 한다면 아트보드에 클릭하여 나타난 대화상자에서 Radius(모퉁이 반경) 값을 설정하고 OK(확인)를 누르면 둥근 사각형이 만들어지는데 크기와 모양이 원하는 모양이 아닐 경우에는 삭제하고, 다시 드래그하여 직접 원하는 크기대로 만들어줍니다.

02 다시 세로로 직사각형을 만든 후 마찬가지로 모퉁이 위젯을 드래그하여 모서리 모양을 둥글게 수정합니다. Selection Tool(선택 도구)▶로 오브젝트를 선택하고 [Alt] 키를 누른 채 드래그하여 왼쪽에 하나를 더 복사한 후 계속하여 [Object(오브젝트)]-[Transform(변형)]-[Transform Again(변형 반복)] 명령을 반복적으로 실행합니다.

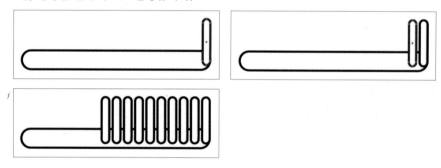

03 전체 오브젝트를 선택하고 Pathfinder(패스파인더) 패널에서 Unite(합치기)를 눌러 하나로 합쳐준 뒤 Color(색상) 패널에서 면 색과 선 색을 적용합니다. 또한 Stroke(획) 패널에서 선의 두께를 지정합니다.

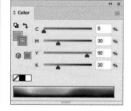

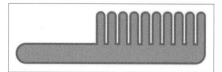

04 이번에는 둥근 빗 모양을 만들기 위해서 도구 패널에서 Polygon Tool(다각형 도구)◯을 선택하고 아트보드에 클릭하여 Sides(면) 수를 '3'으로 지정하여 삼각형 모양을 만듭니다.

 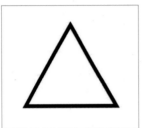

05 Free Transform Tool(자유 변형 도구)▣이나 Bounding Box(테두리 상자)를 사용하여 크기 조절 및 회전시킨 후 좌우로 늘어뜨려 모양을 길쭉하게 수정합니다. 여기에 다시 Ellipse Tool(원형 도구)◯을 사용하여 타원형을 겹쳐 그려줍니다.

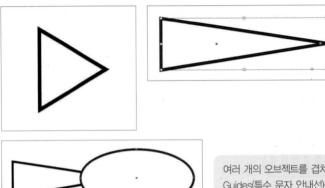

여러 개의 오브젝트를 겹쳐 표현할 때는 [View(보기)] 메뉴에서 Smart Guides(특수 문자 안내선)를 체크하여 작업하면 좀 더 정확하고 용이하게 작업할 수 있습니다.

06 이제 오브젝트를 모두 선택하고, Pathfinder(패스파인더) 패널에서 Unite(합치기)를 눌러 하나로 합쳐준 뒤 Direct Selection Tool(직접 선택 도구) ▷로 모퉁이 위젯을 드래그하여 모양을 수정합니다.

 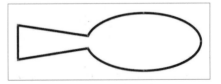

일러스트레이터

07 손잡이 부분에 구멍을 뚫기 위해서 Ellipse Tool(원형 도구)●로 Alt + Shift 키를 누른 채 드래그하여 정원을 겹쳐 그린 후 전체 오브젝트를 선택하고, Pathfinder(패스파인더) 패널에서 Exclude(교차 영역 제외)를 적용합니다.

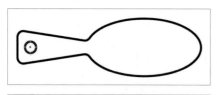

08 Color(색상) 패널에서 면 색과 선 색을 적용하고, Stroke(획) 패널에서 선의 두께를 지정합니다.

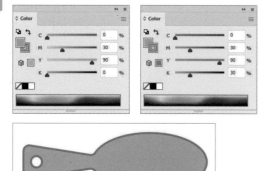

09 다시 Ellipse Tool(원형 도구)●로 위쪽에 타원형을 하나 더 겹쳐 그린 후 면 색을 적용합니다.

일러스트레이터

10 마지막으로 Rectangle Tool(사각형 도구) ▢을 선택하고 직사각형을 그린 후 모퉁이 위젯을 드래그 하여 반경을 조절한 후 Color(색상) 패널에 면 색을 적용합니다.

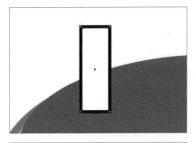

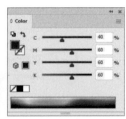

11 Selection Tool(선택 도구) ▶로 오브젝트를 선택하고 [Alt] 키를 누른 채 드래그하여 여러 개를 복사 하고, 위와 동일한 방법으로 길이가 다른 여러 개의 모양을 더 만들어 빗 모양을 완성합니다.

12 앞서 제작한 강아지 오브젝트 옆에 각각 빗 모양을 배치하고, Free Transform Tool(자유 변형 도 구) ▥이나 Bounding Box(테두리 상자)를 사용하여 크기를 조절하거나 회전시켜 줍니다.

13 Ellipse Tool(원형 도구)⬭과 Pathfinder(패스파인더) 기능을 사용하여 나머지 털 모양을 제작한 후 각각 크기가 다르게 배치합니다.

✚합격 Point ----------------

≪출력형태≫와 동일한 모양과 색상으로 오브젝트를 제작합니다.

M30Y90,

C30M50Y50K30,

C40M60Y60K60,

M70Y50,

(선/획) M30Y90K30, 0.5pt

04. Brush(브러쉬) 적용하기

01 도구 패널에서 Line Segment Tool(선분 도구)╱ 을 선택하고 Shift 키를 누른 채 아트보드 하단에 직선을 그립니다. [Window(윈도우)] 메뉴에서 Brushes(브러쉬) 패널을 불러오고, 패널 하단의 Brush Libraries Menu(브러쉬 라이브러리 메뉴)를 클릭하여 Decorative(장식)〉Decorative_Scatter(장식_산포) 패널을 불러옵니다. 패널에서 Transparent Shapes 2(투명 모양 2) 브러쉬를 클릭하면 Brushes(브러쉬) 패널에 등록되는 것을 볼 수 있습니다.

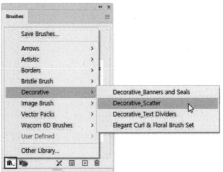

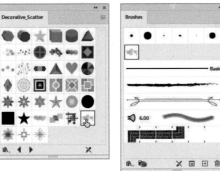

02 앞서 작업한 직선을 선택하고, Transparent Shapes 2(투명 모양 2) 브러쉬를 적용한 후 Stroke(획) 패널에서 선의 두께를 지정합니다. 그리고 [Object(오브젝트)]-[Arrange(정돈)]-[Send to Back(맨 뒤로 보내기)] 메뉴를 실행하여 강아지 뒤로 보내줍니다.

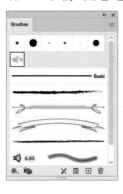  

03 이번에는 다른 모양의 브러쉬를 적용하기 위해서 Brush Libraries Menu(브러쉬 라이브러리 메뉴) 를 클릭하여 Decorative(장식)〉Decorative_Banners and Seals(장식_배너와 씰) 패널을 불러온 후 Banner 1(배너 1)을 Brushes(브러쉬) 패널에 등록합니다.

 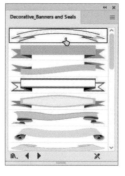 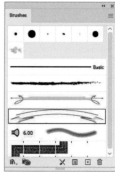

04 도구 패널에서 Pen Tool(펜 도구) 을 선택하고 직선 모양을 그려준 뒤 앞서 불러온 Banner 1(배너 1)브러쉬를 적용하고, Stroke(획) 패널에서 선의 두께를 지정합니다.

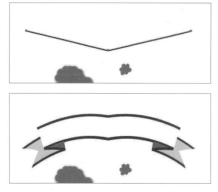 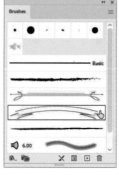 

✔합격 Point

≪출력형태≫와 동일한 모양과 두께로 Brush(브러쉬)를 적용합니다.

[Brush] Transparent Shapes 2, 2pt

[Brush] Banner 1, 1pt

05. 문자 입력 및 활용

01 도구 패널에서 Type Tool(문자 도구) **T**을 선택하고 아트보드에 클릭하여 문자를 입력합니다. Character(문자) 패널에서 조건에서 제시한 글꼴과 스타일을 지정합니다.

PET GROOMING

02 Selection Tool(선택 도구) ▶로 문자를 선택하고, [Type(문자)]-[Create Outlines(윤곽선 만들기)] 메뉴를 실행하여 오브젝트화 시켜준 뒤 [Object(오브젝트)]-[Ungroup(그룹 해제)]을 실행하여 각각 분리합니다.

PET GROOMING

Create Outlines(윤곽선 만들기)은 문자를 오브젝트로 변환시켜주는 기능입니다.

03 도구 패널에서 Pen Tool(펜 도구) ✏️을 선택하고, 문자 오브젝트를 가로지르는 곡선을 그려줍니다. 그런 다음 전체 오브젝트를 선택하고, Pathfinder(패스파인더) 패널에서 Divide(나누기)를 적용한 후 [Object(오브젝트)]-[Ungroup(그룹 해제)]을 실행합니다.

04 각각 분리된 오브젝트에 Color(색상) 패널에서 면 색을 적용하고, 앞서 만들어 놓은 브러쉬 모양 위에 배치한 후 필요시 Free Transform Tool(자유 변형 도구)🔁이나 Bounding Box(테두리 상자)를 사용 하여 크기를 조절합니다.

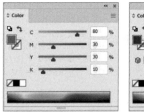

05 이번에는 배너 아래쪽에 문자를 입력하기 위해서 Pen Tool(펜 도구) 🖋을 사용하여 곡선을 그려줍니다. 그런 다음 도구 패널에서 Type on a Path Tool(패스 상의 문자 도구) ⌁을 선택하고 곡선 위에 클릭하여 문장을 입력합니다.

> Type on a Path Tool(패스 상의 문자 도구)은 오브젝트의 외곽선을 따라 문자를 입력하는 도구로 입력된 문자의 방향을 수정하려면 중간 조절점을 드래그하여 이동시킬 수 있습니다.

06 입력된 문자를 선택하고 Character(문자) 패널에서 조건에서 제시한 글꼴과 크기, 스타일을 지정하고, Color(색상) 패널에서 색상을 적용합니다.

 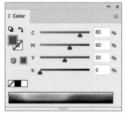 

🎯합격 Point

《조건》에서 제시한 문자를 이용하여 《출력형태》와 동일하게 표현하고, 글꼴과 크기, 색상 등을 적용합니다.
C80M30Y30K10,
C80M100,
① Pet Beauty Sale to Celebrate Opening Day (Arial, Regular, 9pt, C80M60Y50)

06. 레이아웃 정리 및 답안 전송하기

01 전체 작업이 모두 끝났으므로 《출력형태》와 동일하게 눈금자 또는 안내선을 이용하여 오브젝트의 크기와 위치 등을 조절합니다.

> ✔ **체크 Point** ---
>
> 작업된 오브젝트의 크기를 조절하고자 할 경우 Scale Tool(크기 조절 도구)을 사용하지 않고 Free Transform Tool(자유 변형 도구)이나 Bounding Box(테두리 상자)을 사용할 경우 Scale Tool(크기 조절 도구) 대화상자에서 Scale Strokes & Effects(선과 효과 크기 조절) 항목이 체크 되어 있지 않은 상태에서 사용하여야 기존의 선의 두께에 영향을 주지 않고 크기를 조절할 수 있습니다.

02 안내선을 사용하였을 경우 [View(보기)]-[Guides(안내선)]-[Hide Guides(안내선 숨기기)] 메뉴를 실행하여 안내선을 숨기고, 또한 [View(보기)]-[Ruler(눈금자)]-[Hide Rulers(눈금자 숨기기)]를 클릭하여 눈금자를 가려줍니다. 마지막으로 [File(파일)]-[Save(저장하기)] 메뉴를 실행하여 앞서 미리 저장해 두었던 파일로 최종 덮어쓰기 하여 작업을 마무리합니다.

일러스트레이터

合격 Point -

앞서 아트보드를 저장하지 않았다면 답안 폴더 '내 PC\문서\GTQ'를 지정하고, 파일 이름은 '수험번호–성명–문제번호.ai',
파일 형식은 'Adobe Illustrator(*.AI)'를 지정하고 저장을 클릭합니다. 대화상자에서 Version(버전)을 현재 사용하고 있는 버전
으로 지정하고 OK(확인)를 클릭하여 저장하도록 합니다.

03 답안을 전송하기 전에 '내 PC\문서\GTQ' 폴더 안에 앞서 작업한 파일에 대한 파일 이름과 파일 형
식 등을 확인하고 수험 프로그램에서 [답안 전송]을 클릭하여 감독관 컴퓨터로 전송합니다.

문제 3   어플리케이션 디자인 ··· 40점

새 아트보드 만들기 및 파일 저장하기 → 사료 백 만들기 → Pattern(패턴) 등록 및 활용 → 물고기 만들기 및 활용 → 캔 만들기 → 문자 입력 → 레이아웃 정리 및 답안 전송하기

01. 새 아트보드 만들기 및 파일 저장하기

01 [File(파일)]–[New(새로 만들기)] 메뉴를 선택하고 Width(폭) 120mm와 Height(높이) 80mm를 입력합니다. Units(단위)는 Millimeters(밀리미터)를 지정하고, Color Mode(색상 모드)는 CMYK를 선택합니다.

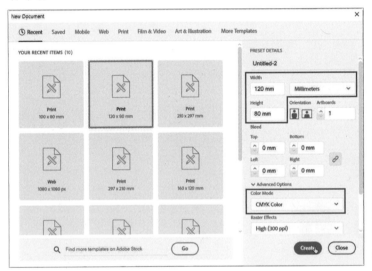

▽합격 Point

≪조건≫에서 제시한 아트보드의 크기를 정확하게 지켜주어야 하며, 답안 작성요령에 제시된 것처럼 이미지 모드는 CMYK를 지정하고, 단위는 mm(밀리미터)를 지정하여야 합니다.

02 앞서 학습하였듯이 안내선을 이용하여 작업 창을 등분한 후 [File(파일)]–[Save(저장)] 메뉴를 실행하고 저장 위치를 '내 PC\문서\GTQ' 폴더로 지정합니다. 파일 형식은 'Adobe Illustrator(*.Ai)', 파일 이름은 '수험번호–성명–문제번호.ai'를 입력하고 저장합니다.

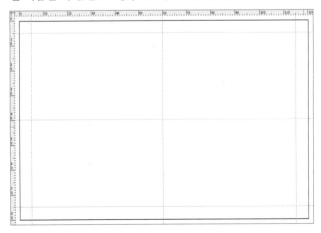

▼합격 Point

수험자 유의사항에 제시된 [파일명은 본인의 "수험번호–성명–문제번호"로 공백 없이 정확히 입력하고 답안폴더(내PC\문서\GTQ\)에 ai 파일 포맷으로 저장해야 하며, 다른 파일 형식과 버전으로 저장하였을 경우 0점 처리됩니다. 답안문서 파일명이 "수험번호–성명–문제번호"와 일치하지 않거나, 답안 파일을 전송하지 않아 미제출로 처리될 경우 불합격 처리됩니다. (예 : 내 PC\문서\GTQ\G123456789–홍길동–1.ai)] 위 내용대로 꼭 지켜주어야 합니다.

02. 사료 백 만들기

01 도구 패널에서 Rectangle Tool(사각형 도구)▢을 선택하고 직사각형을 그린 후 Direct Selection Tool(직접 선택 도구) ▷로 상단의 양쪽 끝 모퉁이 위젯만을 선택하고 반경을 조절합니다.

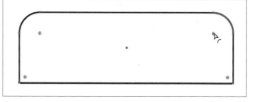

02 오브젝트가 선택된 상태에서 Shear Tool(기울이기)🖐을 더블클릭하여 대화상자에서 Vertical(세로) 항목을 체크하고, 기울이기 값을 입력한 후 OK(확인) 버튼을 클릭합니다.

 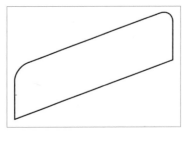

03 계속하여 Rectangle Tool(사각형 도구)▢로 직사각형을 하나 더 그린 후 Direct Selection Tool(직접 선택 도구)▷로 고정점을 이동시켜 모양을 수정합니다.

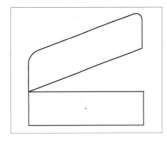 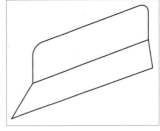

04 위와 동일한 방법으로 Rectangle Tool(사각형 도구)▢과 Direct Selection Tool(직접 선택 도구)▷ 을 사용하여 각각의 면을 만든 후 Color(색상) 패널에서 면 색을 적용합니다.

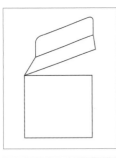 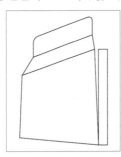 

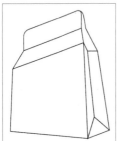 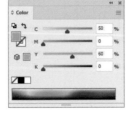  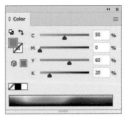

일러스트레이터

 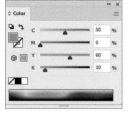 

▽합격 Point

≪출력형태≫와 동일한 크기와 모양으로 오브젝트 제작
후 색상을 적용합니다.
C50Y60,
C40Y60,
C50Y60K30,
C50Y60K10,
C50Y60K20

03. Pattern(패턴) 등록 및 활용

01 도구 패널에서 Rectangle Tool(사각형 도구)■을 선택하고 직사각형을 그린 후 Free Transform Tool(자유 변형 도구)▨에서 Perspective Distort(원근 왜곡)▷을 선택하고 단의 고정점을 이동시켜 모양을 변형시킵니다.

02 다시 Add Anchor Point Tool(고정점 추가 도구)▨로 하단의 패스에 고정점을 추가합니다. 그런 다음 Direct Selection Tool(직접 선택 도구)▷로 고정점을 이동시킨 후 Anchor Point Tool(고정점 도구)▨을 선택하고 고정점에 마우스를 드래그하여 곡선 모양으로 변형시킵니다.

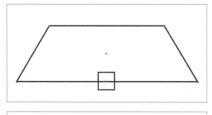 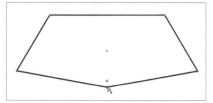

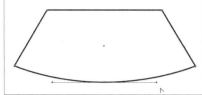

03 계속하여 Direct Selection Tool(직접 선택 도구) ▷로 하단의 양쪽 끝 고정점만을 선택 후 모퉁이 위젯을 드래그하여 모서리 모양을 둥글게 처리한 후 Color(색상) 패널에서 면 색을 적용합니다.

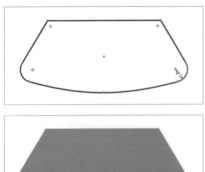
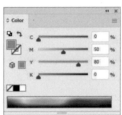

04 이번에는 Ellipse Tool(원형 도구) ⬭을 선택하고 마우스를 드래그하여 타원형을 그려준 뒤 면 색을 적용하고, Scale Tool(크기 조절 도구) ⬚을 더블클릭하여 Uniform(균일) 항목에서 100%보다 작은 값을 입력하고 Copy(복사) 버튼을 클릭하여 하나를 더 축소 복사한 후 면 색을 수정합니다.

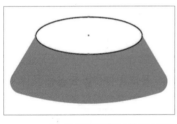
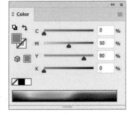

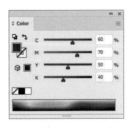

05 뼈다귀 모양을 만들기 위해 Rectangle Tool(사각형 도구)▣로 직사각형을 만들고, 다시 Ellipse Tool(원형 도구)◉을 사용하여 정원을 겹쳐 그려줍니다. 그런 다음 Alt 키를 누른 채 드래그하여 세 개의 원을 더 복사해 줍니다.

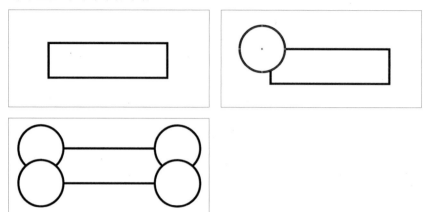

06 전체 오브젝트를 선택하고, Pathfinder(패스파인더) 패널에서 Unite(합치기)를 눌러 하나로 합쳐주고, Color(색상) 패널에서 면 색을 적용합니다.

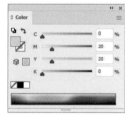

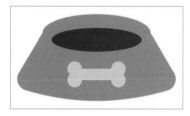

07 Selection Tool(선택 도구)▶로 Alt 키를 누른 채 드래그하여 상단에 하나를 더 복사한 후 Free Transform Tool(자유 변형 도구)▦이나 Bounding Box(테두리 상자)를 사용하여 크기를 조절하고 회전시켜 줍니다.

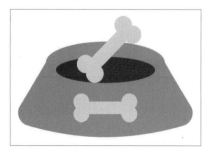

08 패턴으로 등록하기 위해서 Selection Tool(선택 도구) ▶ 로 전체 오브젝트를 선택하고, [Object(오브젝트)]-[Pattern(패턴)]-[Make(만들기)] 메뉴를 실행합니다. 패턴 옵션 대화상자에서 Tile Type(타일 유형)을 Brick by Row(행으로 벽돌형)로 지정하고 Width(가로)와 Height(세로) 값을 설정하여 무늬 간격이 떨어지도록 조절한 후 상단의 Done(실행)을 클릭합니다.

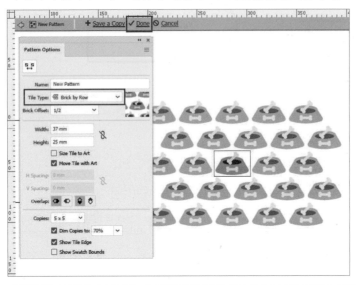

✅ 체크 Point ---

기존에 오브젝트를 만든 후 사각형 도구로 투명 영역을 잡아 Swatches(견본) 패널로 드래그하여 등록하는 방법 외에 최신 버전에서는 메뉴를 실행하여 패턴 옵션 패널을 이용하여 다양한 타일 유형과 배치 방법 등을 미리보기 하며 패턴으로 등록할 수 있습니다. 물론 기존의 패턴을 편집하려면 Swatches(견본) 패널에서 해당 패턴을 더블클릭하거나 패턴이 포함된 오브젝트를 선택한 다음 [Object(오브젝트)]-[Pattern(패턴)]-[Edit Pattern(패턴 편집)] 명령을 실행하면 됩니다.

09 등록된 패턴을 적용하기 위해서 앞서 제작해 놓은 사료 백 위에 Pen Tool(펜 도구) ✎ 을 사용하여 하나의 면을 만들고, Color(색상) 패널에서 면 색을 적용합니다.

⑩ 오브젝트가 선택된 상태에서 [Edit(편집)]-[Copy(복사)], [Edit(편집)]-[Paste in Front(앞에 붙이기)] 메뉴를 연속적으로 실행하여 제자리에 하나를 더 붙여넣기 하고, Swatches(견본) 패널에서 등록된 패턴을 클릭하여 채워줍니다.

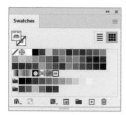

⑪ 적용된 패턴 무늬가 크거나 작을 경우, 크기를 조절하기 위해서 Scale Tool(크기 조절 도구)🔲을 더블클릭하여 대화상자에서 하단의 Transform Patterns(패턴 변형) 항목만을 체크하고 크기를 조절합니다.

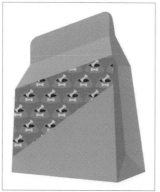

Scale Tool(크기 조절 도구)이나 Rotate Tool(회전 도구) 사용 시 대화상자에서 Options(옵션) 항목 중 Transform Objects(개체 변형)를 체크하지 않고, Transform Patterns(패턴 변형)만 체크하는 이유는 오브젝트의 크기와는 상관없이 패턴 무늬만 크기를 조절하거나 회전시키기 위해서입니다.

▼합격 Point

《출력형태》와 동일한 모양으로 오브젝트 제작 후 패턴을 적용합니다.
M50Y80,
C60M70Y50K40,
M20Y20,
[Pattern]

04. 물고기 만들기 및 활용

01 도구 패널에서 Pen Tool(펜 도구) 🖊️ 을 선택하고 물고기 모양을 직접 그려줍니다. 필요시 Direct Selection Tool(직접 선택 도구) ▷ 로 고정점과 방향점 등을 이동하여 모양을 수정합니다.

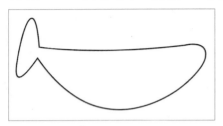

02 다시 Line Segment Tool(선분 도구) ╱ 을 선택하고 Shift 키를 누른 채 물고기 모양을 가로지르는 직선을 그립니다. 그런 다음 Selection Tool(선택 도구) ▶ 로 선을 선택하고 Alt 키를 누른 채 드래그하여 오른쪽에 두 개를 더 복사합니다.

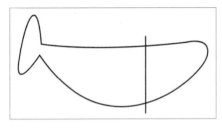
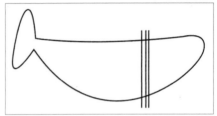

03 전체 오브젝트를 선택하고, Pathfinder(패스파인더) 패널에서 Divide(나누기)를 적용한 후 [Object(오브젝트)]-[Ungroup(그룹 해제)]을 실행하여 각각 분리합니다. 그런 다음 Color(색상) 패널에서 면 색을 적용합니다.

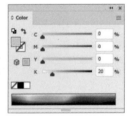

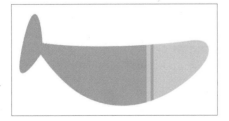

04 Pen Tool(펜 도구) ✏️을 사용하여 지느러미 부분을 직접 그려준 뒤 면 색을 적용하고, Ellipse Tool(원형 도구) ⬭로 정원을 그려 눈을 만들어 줍니다.

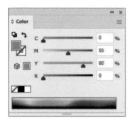 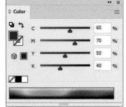 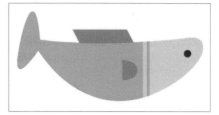

05 마찬가지로 Pen Tool(펜 도구) ✏️을 사용하여 흰색 지느러미 부분을 직접 그려준 뒤 Stroke(획) 패널에서 선의 두께를 지정하고, Cap(단면) 모양을 Round Cap(둥근 단면)으로 지정합니다.

 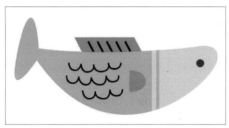

06 선이 선택된 상태에서 [Object(오브젝트)]-[Path(패스)]-[Outline Stroke(윤곽 선)] 메뉴를 실행하여 선을 면으로 변환시켜 주고, Color(색상) 패널에서 면 색을 적용합니다.

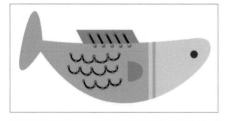 

07 이제 사료 백에 물고기 모양을 배치하기 위해 먼저 Pen Tool(펜 도구)🖊로 두 개의 면을 그려주고, 각각 Color(색상) 패널에서 면 색을 적용합니다.

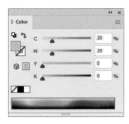  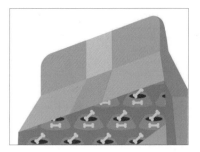

08 물고기 전체 오브젝트를 선택하고 [Object(오브젝트)]-[Group(그룹)] 메뉴를 실행하여 먼저 하나의 그룹으로 묶어준 뒤 앞서 만들어 놓은 면 위에 올려놓습니다. Free Transform Tool(자유 변형 도구)🔲이나 Bounding Box(테두리 상자)를 사용하여 오브젝트의 크기를 조절하고 회전시킨 후 Alt 키를 누른 채 드래그하여 연속적으로 [Object(오브젝트)]-[Transform(변형)]-[Transform Again(변형 반복)] 메뉴를 실행합니다. 그리고 세 개의 오브젝트를 모두 선택하여 [Object(오브젝트)]-[Group(그룹)] 메뉴를 실행하여 하나의 그룹으로 묶어줍니다.

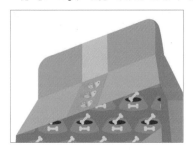

09 다시 물고기 하나를 더 복사하여 각각 면 색을 수정한 후 도구 패널에서 Reflect Tool(반사 도구)🔁을 더블클릭하여 Vertical(세로) 항목을 체크하고 OK(확인) 버튼을 클릭합니다.

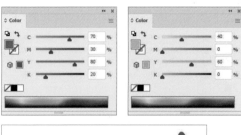 

10 Selection Tool(선택 도구)▶로 반사시킨 물고기 오브젝트를 사료 백 위에 배치하고, Alt 키를 누른 채 드래그하여 오른쪽에 하나를 더 복사한 후 Free Transform Tool(자유 변형 도구)▦이나 Bounding Box(테두리 상자)를 사용하여 회전시켜 줍니다.

11 사료 백 안쪽에만 물고기가 보이도록 하기 위해서 먼저 두 개의 물고기 오브젝트를 동시에 선택하고, [Object(오브젝트)]−[Group(그룹)] 메뉴를 실행하여 하나의 그룹으로 묶어줍니다. 그런 다음 가장 아래쪽에 위치한 큰 면을 선택하고, [Edit(편집)]−[Copy(복사)], [Edit(편집)]−[Paste in Place(제자리에 붙이기)] 메뉴를 연속적으로 실행하여 하나를 더 붙여넣기 합니다.

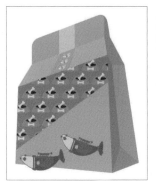  

12 상단의 오브젝트와 물고기 오브젝트만을 선택한 후 [Object(오브젝트)]−[Clipping Mask(클리핑 마스크)]−[Make(만들기)] 명령을 적용합니다.

 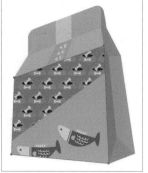

Clipping Mask(클리핑 마스크)는 두 개 이상의 오브젝트를 선택한 상태에서 상위 오브젝트의 형태 안에만 하위 오브젝트가 보이는 마스크 효과를 적용합니다.

13 앞서 제작해 놓은 물고기 오브젝트를 하나 더 복사하여 전체 오브젝트를 선택하고, Pathfinder(패스파인더) 패널에서 Unite(합치기)를 눌러 하나로 합쳐줍니다.

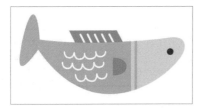  

14 Color(색상) 패널에서 면 색을 수정하고, 사료 백 위에 배치한 후 Free Transform Tool(자유 변형 도구)이나 Bounding Box(테두리 상자)를 사용하여 크기를 조절하고 회전시켜 줍니다. 또한 [Window(윈도우)] 메뉴에서 Transparency(투명도) 패널을 불러와 Opacity(불투명도) 값을 적용합니다.

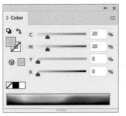  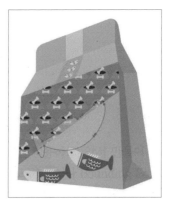

15 마지막으로 Pen Tool(펜 도구)을 사용하여 직선을 그려주고, Color(색상) 패널에서 선 색을 적용합니다. 그리고 Stroke(획) 패널에서 선의 두께를 지정하고, Dashed Line(점선 사용) 항목을 체크한 후 dash(점선)과 gap(간격) 값을 직접 입력하여 불규칙적인 점선을 만들어줍니다.

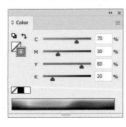  

▽합격 Point

≪출력형태≫와 동일한 모양과 색상으로 오브젝트를 제작합니다.
C60Y20,
C0M0Y0K0,
K20,
C30M20K10,
C20M20,
C20M20, Opacity 50%,
C70M30Y80K20,
(선/획) C70M30Y80K20,, 1pt

05. 캔 만들기

01 도구 패널에서 Rectangle Tool(사각형 도구)🔲을 선택하고 직사각형을 그려준 뒤 Add Anchor Point Tool(고정점 추가 도구)🖋로 하단의 패스에 고정점을 추가합니다. 그런 다음 Direct Selection Tool(직접 선택 도구)▷로 고정점을 이동시킨 후 Anchor Point Tool(고정점 도구)📐을 선택하고 고정점에 마우스를 드래그하여 곡선 모양으로 변형시킵니다.

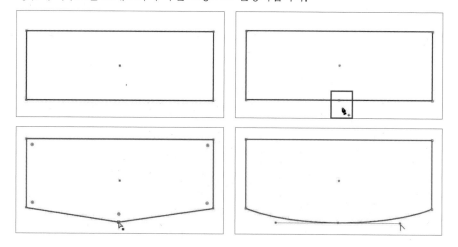

02 오브젝트에 그레이디언트 색상을 적용하기 위해서 Gradient(그라디언트) 패널을 불러옵니다. 오브젝트를 선택하고 패널에서 Type(유형)을 Radial Gradient(원형 그라디언트)을 지정한 후 Gradient Slider(색상 슬라이더)의 왼쪽 Color Stop(색상)을 더블클릭하여 《출력형태》에서 제시한 색상을 지정합니다. 반대편 색상 또한 위와 동일한 방법으로 색상을 적용합니다.

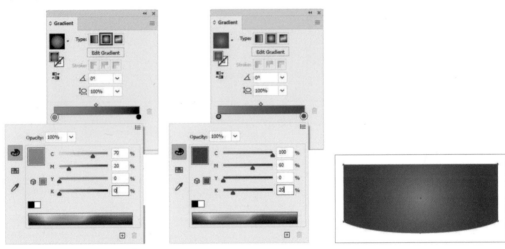

03 적용된 그레이디언트 색상을 편집하기 위해서 Gradient Tool(그라디언트 도구) ▣를 선택하면 적용 방향과 위치 영역 등을 조절할 수 있는 조절점이 나타납니다. 중앙 조절점을 이동시켜 위치를 조절할 수 있으며, 마우스를 드래그하여 《출력형태》와 동일한 방향이 되도록 조절합니다.

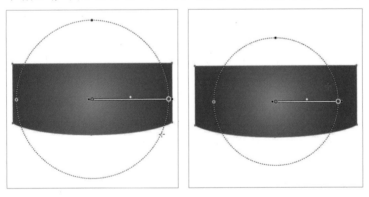

04 도구 패널에서 Ellipse Tool(원형 도구) ◯을 선택하고 Alt 키를 누른 채 마우스를 드래그하여 타원형을 만든 후 Color(색상) 패널에서 면 색을 적용합니다.

여러 개의 오브젝트를 겹쳐 표현할 때는 [View(보기)] 메뉴에서 Smart Guides(특수 문자 안내선)를 체크하여 작업하면 좀 더 정확하고 용이하게 작업할 수 있습니다.

05 Selection Tool(선택 도구) ▶로 오브젝트를 선택하고 Alt + Shift 키를 누른 채 드래그하여 하단에 하나를 더 복사한 후 [Object(오브젝트)]–[Arrange(정돈)]–[Send to Back(맨 뒤로 보내기)] 메뉴를 실행하여 맨 뒤로 보내줍니다.

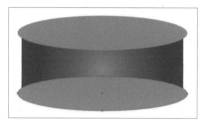 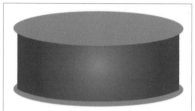

06 상단의 원을 선택하고 Scale Tool(크기 조절 도구)⬚을 더블클릭하여 Uniform(균일) 항목에서 100% 보다 작은 값을 입력하고 Copy(복사) 버튼을 클릭하여 하나를 더 축소 복사한 후 면 색을 수정합니다. 마찬가지 방법으로 하나의 원을 더 축소 복사한 후 면 색을 수정합니다.

 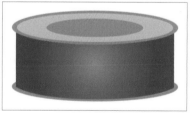

07 도구 패널에서 Rectangle Tool(사각형 도구)▢을 선택하고 직사각형 모양을 만든 후 모퉁이 위젯을 드래그하여 반경을 조절합니다. 다시 안쪽에 두 개의 사각형을 각각 그려준 뒤 마찬가지 방법으로 모퉁이 위젯을 사용하여 모서리 모양을 수정합니다.

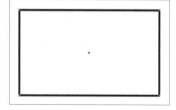 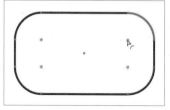 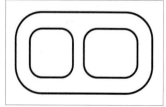

08 전체 오브젝트를 선택하고, Pathfinder(패스파인더) 패널에서 Exclude(교차 영역 제외)를 적용한 후 Color(색상) 패널에서 면 색을 적용합니다.

09 이번에는 오브젝트가 선택된 상태에서 Shear Tool(기울이기)을 더블클릭하여 대화상자에서 Horizontal(가로) 항목을 체크하고, 기울이기 값을 입력한 후 OK(확인) 버튼을 클릭합니다. 계속하여 Free Transform Tool(자유 변형 도구)이나 Bounding Box(테두리 상자)를 사용하여 위에서 아래로 조금 눌러주어 모양을 변형시킵니다.

10 Selection Tool(선택 도구)로 오브젝트를 선택하고 Alt 키를 누른 채 드래그하여 하단에 하나를 더 복사한 후 [Object(오브젝트)]-[Arrange(정돈)]-[Send to Back(맨 뒤로 보내기)] 메뉴를 실행하여 맨 뒤로 보내줍니다. 또한 Color(색상) 패널에서 면 색을 수정한 후 앞서 제작해 놓은 캔 위에 배치합니다.

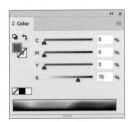 

일러스트레이터

11 점선을 만들기 위해서 상단에 제작에 놓은 중간 원을 선택하고 Alt 키를 누른 채 드래그 하여 복사한 후 Direct Selection Tool(직접 선택 도구) ▷ 로 상단 중앙의 고정점을 삭제합니다.

12 그런 다음 Color(색상) 패널에서 선 색을 적용하고, Stroke(획) 패널에서 선의 두께를 지정합니다. 또한 Dashed Line(점선 사용) 항목을 체크한 후 dash(점선)과 gap(간격) 값을 직접 입력하여 규칙적인 점선을 만들어주고, 하단에 하나를 더 복사합니다.

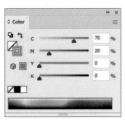  

13 마지막으로 앞서 제작해 놓은 물고기 오브젝트를 복사하여 배치한 후 Reflect Tool(반사 도구) ▷◁
를 선택합니다. 그런 다음 Alt 키를 누른 채 중앙이 되는 부분을 클릭하면 대화상자가 나타나고,
Axis(축)에서 Vertical(세로)을 체크한 후 Copy(복사)를 클릭하여 하나를 더 반사합니다.

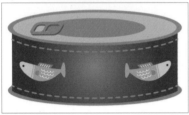

> ✅ **합격 Point** -
>
> ≪출력형태≫와 동일한 모양과 색상으로 오브젝트를 제작합니다.
> K50,
> C20M20Y20,
> K70,
> C70M20 → C100M60K20,
> (선/획) C70M20, 1pt

06. 문자 입력

01 도구 패널에서 Type Tool(문자 도구) T 을 선택하고 아트보드에 클릭하여 문자를 입력합니다.
Character(문자) 패널에서 조건에서 제시한 글꼴과 크기, 스타일을 지정하고, Color(색상) 패널에서
색상을 각각 적용합니다.

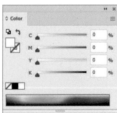

일러스트레이터

02 또한 Paragraph(문단) 패널에서 Align center(가운데 정렬) 버튼을 클릭하여 중앙정렬 하여 캔 위에 배치합니다.

03 나머지 문자 또한 Type Tool(문자 도구) T로 입력한 후 Character(문자) 패널에서 조건에서 제시한 글꼴과 크기, 스타일을 지정하고, Color(색상) 패널에서 색상을 적용합니다.

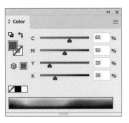

A cat snack made of fish

04 그런 다음 사료 백 위에 배치하고 Free Transform Tool(자유 변형 도구)이나 Bounding Box(테두리 상자)를 사용하여 회전시켜 줍니다.

> **☑ 체크 Point**
>
> ≪조건≫에서 제시한 문자의 속성 이외에 제시되지 않은 문자 속성을 기본값으로 작성하지 않을 경우에는 감점 처리됩니다.

> **🔻합격 Point**
>
> ≪조건≫에서 제시한 문자를 입력하고, ≪출력형태≫와 동일하게 레이아웃을 정리합니다.
> ① CAT FOOD (Arial, Bold, 12pt, C0M0Y0K0)
> ② A cat snack made of fish (Times New Roman, Regular, 10pt, C60M50Y20K30)

07. 레이아웃 정리 및 답안 전송하기

01 전체 작업이 모두 끝났으므로 ≪출력형태≫와 동일하게 눈금자 또는 안내선을 이용하여 오브젝트의 크기와 위치 등을 조절합니다.

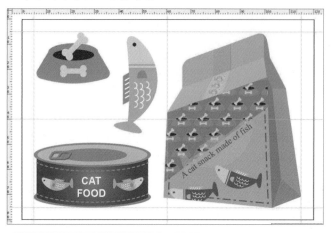

> ☑ **체크 Point**
>
> 작업된 오브젝트의 크기를 조절하고자 할 경우 Scale Tool(크기 조절 도구)을 사용하지 않고 Free Transform Tool(자유 변형 도구)이나 Bounding Box(테두리 상자)을 사용할 경우 Scale Tool(크기 조절 도구) 대화상자에서 Scale Strokes & Effects(선과 효과 크기 조절) 항목이 체크 되어 있지 않은 상태에서 사용하여야 기존의 선의 두께에 영향을 주지 않고 크기를 조절할 수 있습니다.

02 안내선을 사용하였을 경우 [View(보기)]-[Guides(안내선)]-[Hide Guides(안내선 숨기기)] 메뉴를 실행하여 안내선을 숨기고, 또한 [View(보기)]-[Ruler(눈금자)]-[Hide Rulers(눈금자 숨기기)]를 클릭하여 눈금자를 가려줍니다. 마지막으로 [File(파일)]-[Save(저장하기)] 메뉴를 실행하여 앞서 미리 저장해 두었던 파일로 최종 덮어쓰기 하여 작업을 마무리합니다.

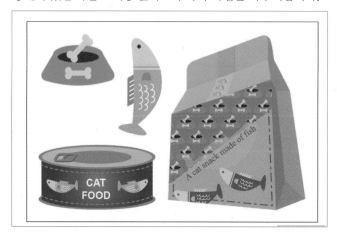

✚합격 Point

앞서 아트보드를 저장하지 않았다면 답안 폴더 '내 PC₩문서₩GTQ'를 지정하고, 파일 이름은 '수험번호–성명–문제번호.ai', 파일 형식은 'Adobe Illustrator(*.AI)'를 지정하고 저장을 클릭합니다. 대화상자에서 Version(버전)을 현재 사용하고 있는 버전으로 지정하고 OK(확인)를 클릭하여 저장하도록 합니다.

03 답안을 전송하기 전에 '내 PC₩문서₩GTQ' 폴더 안에 앞서 작업한 파일에 대한 파일 이름과 파일 형식 등을 확인하고 수험 프로그램에서 [답안 전송]을 클릭하여 감독관 컴퓨터로 전송합니다.

GTQi (그래픽기술자격-일러스트)

급수	문제유형	시험시간	수험번호	성 명
2급		90분		

수험자 유의사항

- 수험자는 문제지를 받는 즉시 응시하고자 하는 과목 및 급수가 맞는지 확인한 후 수험번호와 성명을 작성합니다.
- 파일명은 본인의 "수험번호-성명-문제번호"로 공백 없이 정확히 입력하고 답안폴더(내 PC\문서\GTQ)에 ai 파일 포맷으로 저장해야 하며, 다른 파일 형식으로 저장하였을 경우 0점 처리됩니다. 답안문서 파일명이 "수험번호-성명-문제번호"와 일치하지 않거나, 답안 파일을 전송하지 않아 미제출로 처리될 경우 불합격 처리됩니다.
- 수험자 정보와 저장한 파일명, 저장 위치가 다를 경우 전송이 되지 않으므로, 주의하시기 바랍니다.
- 답안 작성 중에도 주기적으로 '저장'과 '답안 전송'을 이용하여 감독위원 PC로 답안을 전송하셔야합니다. (※ 작업한 내용을 저장하지 않고 전송할 경우 이전의 저장내용이 전송되오니 이점 반드시 유념하시기 바랍니다.)
- 답안문서는 지정된 경로 외의 다른 보조기억장치에 저장하는 행위, 지정된 시험 시간 외에 작성된 파일을 활용한 행위, 기타 통신수단(이메일, 메신저, 네트워크 등)을 이용하여 타인에게 전달 또는 외부 반출하는 행위는 부정으로 간주되어 자격기본법 제32조에 의거 본 시험 및 국가공인 자격시험을 2년간 응시할 수 없습니다.
- 시험 중 부주의 또는 고의로 시스템을 파손한 경우와 <수험자 유의사항>에 기재된 방법대로 이행하지 않아 생기는 불이익은 수험자의 책임임을 알려 드립니다.
- 시험을 완료한 수험자는 최종적으로 저장한 답안파일이 전송되었는지 확인한 후 감독위원의 지시에 따라 문제지를 제출하고 퇴실합니다.

답안 작성요령

- 온라인 답안 작성 절차
  수험자 등록 ⇒ 시험 시작 ⇒ 답안파일 저장 ⇒ 답안 전송 ⇒ 시험 종료
- 배점은 총 100점으로 이루어지며, 점수는 각 문제별로 차등 배분됩니다.
- 각 문제는 제시된 조건에 맞게 답안을 작성하셔야 하며, 조건을 지키지 못했을 경우에는 0점 또는 감점 처리됩니다.
- 조건에서 주어진 단위는 'mm(밀리미터)'입니다. 눈금자는 작성하지 않으며, 그 외는 출력형태(레이아웃, 색상, 문자, 규격 등)와 같게 작업하십시오.
- 문제 조건에 서체의 지정이 없을 경우 한글은 굴림이나 돋움, 영문은 Arial로 작업하십시오.
  (단, 그 외 제시되지 않은 문자 속성을 기본값으로 작성하지 않은 경우는 감점 처리됩니다.)
- 문제 조건에 크기와 색상, 두께의 지정이 없을 경우 《출력형태》를 참고하여 작업해 주시기 바랍니다.
- Image Mode(이미지 모드)는 별도의 처리조건이 없을 경우에는 CMYK로 작업하십시오.
- 조건에서 제시한 기능을 임의로 합치거나 각 기능에 대한 속성을 해지할 경우 해당 요소는 0점 처리됩니다.

문제1 기본 툴 활용 [25점]

다음의 《조건》에 따라 아래의 《출력형태》와 같이 작업하시오.

《조건》

파일저장규칙	AI	파일명	문서₩GTQ₩수험번호-성명-1.ai
		크기	100 × 80mm

1. 작업 방법

① 도형, 변형 툴과 Pathfinder 기능을 활용하여 오브젝트를 작성한다.

② 그 외 《출력형태》 참조

《출력형태》

M40Y30,
C10M60Y40,
C20Y10,
M20Y60,
C50M90Y80K10,
C20M80Y60,
(선/획)
C10M20Y60K10, 1pt

문제2 문자와 오브젝트 [35점]

다음의 《조건》에 따라 아래의 《출력형태》와 같이 작업하시오.

《조건》

파일저장규칙	AI	파일명	문서₩GTQ₩수험번호-성명-2.ai
		크기	100 × 80mm

1. 작업 방법

① 'COSMETIC EVENT!' 문자에 Arial (Bold) 폰트를 적용한다.
② 'Color Makeup Show' 문자에 Type on a Path Tool을 활용한다.
③ Brush는 《출력형태》 참고하여 작성한다.
④ Effect는 《출력형태》를 참고하여 작성한다.
⑤ 그 외 《출력형태》 참조

2. 문자 효과

① Color Makeup Show (Arial, Regular, 10pt, M80Y10K10)

《출력형태》

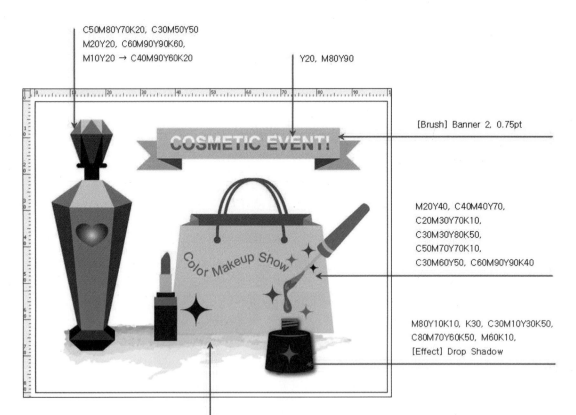

C50M80Y70K20, C30M50Y50
M20Y20, C60M90Y90K60,
M10Y20 → C40M90Y60K20

Y20, M80Y90

[Brush] Banner 2, 0.75pt

M20Y40, C40M40Y70,
C20M30Y70K10,
C30M30Y80K50,
C50M70Y70K10,
C30M60Y50, C60M90Y90K40

M80Y10K10, K30, C30M10Y30K50,
C80M70Y60K50, M60K10,
[Effect] Drop Shadow

K60
[Brush]
Watercolor Stroke 3, 1pt

문제3 어플리케이션 디자인 [40점]
다음의 《조건》에 따라 아래의 《출력형태》와 같이 작업하시오.

《조건》

파일저장규칙	AI	파일명	문서₩GTQ₩수험번호-성명-3.ai
		크기	120 × 80mm

1. 작업 방법
① 도형 툴로 오브젝트를 제작한 후 Pattern을 활용하여 작성한다.(패턴 등록 : 꽃)
② 라벨은 규칙적인 점선을, 옷가게에는 불규칙적인 점선을 설정한다.
③ 옷가게에 Pattern을 적용한다.
④ 옷가게에 배치된 오브젝트는 정렬, 간격을 일정하게 한 후 Group 설정을 한다.
⑤ 그 외 《출력형태》 참조

2. 문자 효과
① Time Sale $20.00 (Arial, Regular, 8pt, C50M80Y30)
② MIN CLOTHES (Times New Roman, Bold, 22pt, C50M100Y100K50)

《출력형태》

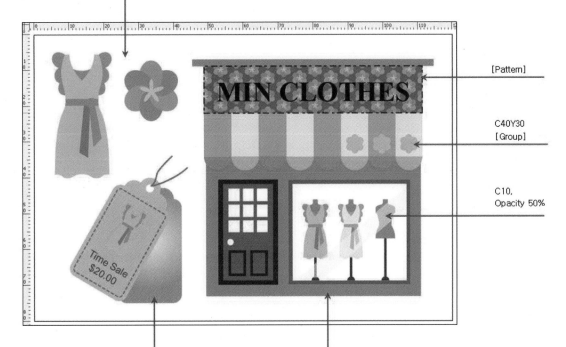

M20Y80, C10M40Y100,
C30M40Y100, M30Y20,
M50Y30, M60Y40

[Pattern]

C40Y30
[Group]

C10,
Opacity 50%

C10M30, M10 → C30M40,
(선/획) C10M70Y20, 1pt, 0.75pt

M60Y40, C10M80Y70, C50M10Y20, C60M20Y30,
C20Y10, C0M0Y0K0, K50, K80, C50M100Y100K10,
(선/획) C50M100Y100K50, 0.5pt

문제 1 기본 툴 활용

• • • 25점

새 아트보드 만들기 및 파일 저장하기 → 돼지 얼굴 만들기 → 돼지 몸 만들기 → 아령 모양 만들기 → 레이아웃 정리 및 답안 전송하기

01. 새 아트보드 만들기 및 파일 저장하기

01 [File(파일)]−[New(새로 만들기)] 메뉴를 선택하고 Width(폭) 100mm와 Height(높이) 80mm를 입력합니다. Units(단위)는 Millimeters(밀리미터)를 지정하고, Color Mode(색상 모드)는 CMYK를 선택합니다.

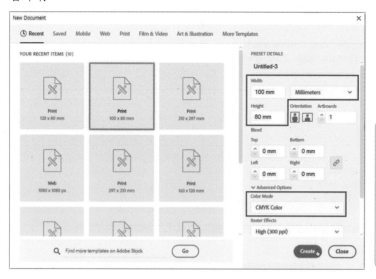

> **☑ 합격 Point** - - - - -
>
> 《조건》에서 제시한 아트보드의 크기를 정확하게 지켜주어야 하며, 답안 작성요령에 제시된 것처럼 이미지 모드는 CMYK를 지정하고, 단위는 mm(밀리미터)를 지정하여야 합니다.

02 앞서 학습하였듯이 안내선을 이용하여 작업 창을 등분한 후 [File(파일)]−[Save(저장)] 메뉴를 실행하고 저장 위치를 '내 PC₩문서₩GTQ' 폴더로 지정합니다. 파일 형식은 'Adobe Illustrator(*.Ai)', 파일 이름은 '수험번호−성명−문제번호.ai'를 입력하고 저장합니다.

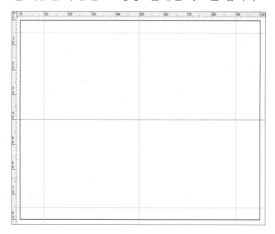

일러스트레이터

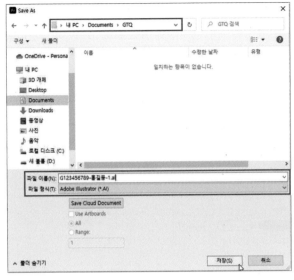

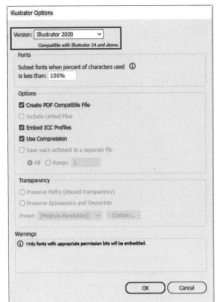

♥합격 Point

수험자 유의사항에 제시된 [파일명은 본인의 "수험번호–성명–문제번호"로 공백 없이 정확히 입력하고 답안폴더(내PC₩문서₩GTQ₩)에 ai 파일 포맷으로 저장해야 하며, 다른 파일 형식과 버전으로 저장하였을 경우 0점 처리됩니다. 답안문서 파일명이 "수험번호–성명–문제번호"와 일치하지 않거나, 답안 파일을 전송하지 않아 미제출로 처리될 경우 불합격 처리됩니다. (예 : 내 PC₩문서₩GTQ₩G123456789–홍길동–1.ai)] 위 내용대로 꼭 지켜주어야 합니다.

02. 돼지 얼굴 만들기

01 도구 패널에서 Pen Tool(펜 도구) 🖊을 선택하고 얼굴 형태에 해당하는 면을 그린 후 Color(색상) 패널에서 면 색을 적용합니다.

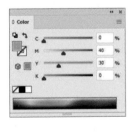

02 다시 Pen Tool(펜 도구) ✏️ 을 선택하고 돼지 귀 모양을 그려주고, Scale Tool(크기 조절 도구) 🔲 을 더 블클릭합니다. 대화상자의 Uniform(균일) 항목에서 100%보다 작은 값을 입력하고 Copy(복사) 버튼을 클릭하여 하나를 더 축소 복사한 후 각각의 오브젝트에 Color(색상) 패널에서 면 색을 적용합니다.

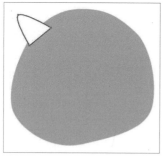

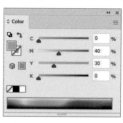

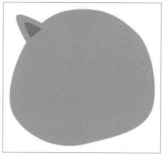

03 두 개의 오브젝트를 선택하고 도구 패널에서 Reflect Tool(반사 도구) ▷◁ 를 선택합니다. 그런 다음 Alt 키를 누른 채 중앙이 되는 부분을 클릭하면 대화상자가 나타나고, Axis(축)에서 Vertical(세로)을 체크한 후 Copy(복사)를 클릭하여 하나를 더 반사합니다.

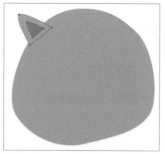

04 반사된 오브젝트를 선택하고 Free Transform Tool(자유 변형 도구)🔁이나 Bounding Box(테두리 상자)를 사용하여 크기를 조금 키워줍니다. 그런 다음 귀 모양 전체 오브젝트를 선택하고, [Object(오브젝트)]–[Arrange(정돈)]–[Send to Back(맨 뒤로 보내기)] 메뉴를 실행하여 얼굴 형태 뒤로 보내줍니다.

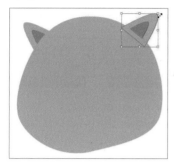 

05 도구 패널에서 Ellipse Tool(원형 도구)⬭을 선택하고 Alt + Shift 키를 누른 채 마우스를 드래그하여 정원을 만든 후 Color(색상) 패널에서 면 색을 적용합니다. 또한 Selection Tool(선택 도구)▶로 눈 오브젝트를 선택하고 Alt 키를 누른 채 드래그하여 오른쪽에 하나를 더 복사합니다.

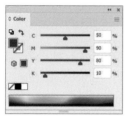 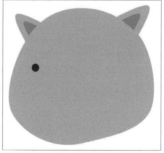 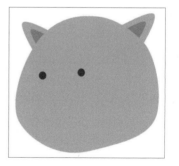

06 이번에는 Ellipse Tool(원형 도구)⬭을 사용하여 Shift 키를 누른 채 드래그하여 볼 부분에 해당하는 정원을 그린 후 면 색을 적용하고, Alt 키를 누른 채 드래그하여 하나를 더 복사합니다.

07 다시 Pen Tool(펜 도구) 🖋을 선택하고 코에 해당하는 부분을 직접 그려준 뒤 Color(색상) 패널에서 면 색을 적용합니다. 나머지 입 모양과 머리띠 부분 또한 위와 동일한 방법으로 각각 그려준 뒤, 면 색을 적용합니다.

  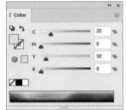 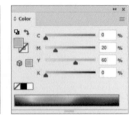

08 도구 패널에서 Ellipse Tool(원형 도구) ◯을 선택하고 Alt + Shift 키를 누른 채 마우스를 드래그하여 정원을 만든 후 Color(색상) 패널에서 면 색을 적용합니다. 그리고 Direct Selection Tool(직접 선택 도구) ▷로 고정점을 위로 이동시켜 모양을 수정한 후 Anchor Point Tool(고정점 도구) ▷로 고 정점을 클릭하여 뾰족하게 만듭니다.

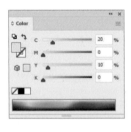 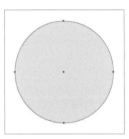 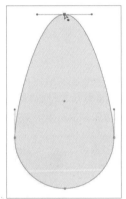 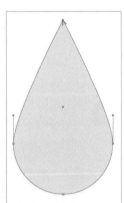

09 Selection Tool(선택 도구) ▶로 Alt 키를 누른 채 드래그하여 여러 개를 복사한 후 Free Transform Tool(자유 변형 도구) ✥이나 Bounding Box(테두리 상자)를 사용하여 각각 크기를 조절하거나 회전시켜 배치합니다.

⌄✌합격 Point
≪출력형태≫와 동일한 모양과 색상으로 오브젝트를 제작합니다.
M40Y30,
C10M60Y40,
M20Y60,
C50M90Y80K10,
C20M80Y60,
C20Y10

03. 돼지 몸 만들기

01 도구 패널에서 Pen Tool(펜 도구) ✏을 선택하고 돼지 몸에 해당하는 부분을 그려주고, Color(색상) 패널에서 면 색을 적용합니다.

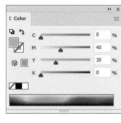

02 옷 부분과 팔, 다리 부분을 각각 그려준 뒤, 면 색을 적용합니다. 한꺼번에 완벽한 모양을 그리기 어려우므로 원하는 형태를 만들어 놓고, Direct Selection Tool(직접 선택 도구) ▷로 모양을 수정하면 됩니다.

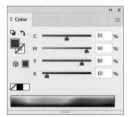

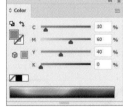

03 앞서 작업한 얼굴 형태와 배치한 후 [Object(오브젝트)]-[Arrange(정돈)]-[Send to Back(맨 뒤로 보내기)] 메뉴를 실행하여 얼굴 형태 뒤로 보내줍니다.

> **✚ 합격 Point**
>
> ≪출력형태≫와 동일한 모양과 색상으로 오브젝트를 제작합니다.
> C50M90Y80K10,
> M40Y30,
> C10M60Y40

04. 아령 모양 만들기

01 도구 패널에서 Polygon Tool(다각형 도구)◯을 선택하고 아트보드에 클릭하여 Sides(면) 수를 '8'로 지정하여 팔각형 모양을 만듭니다.

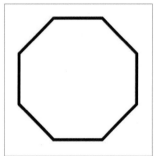

02 Direct Selection Tool(직접 선택 도구)▷로 하단의 고정점 4개를 동시에 선택한 후 아래로 이동시켜 모양을 길쭉하게 수정합니다. 계속하여 왼쪽 안쪽의 2개 고정점을 선택하여 왼쪽으로 조금 이동시켜 모양을 수정합니다. 오른쪽 또한 동일한 방법으로 모양을 수정합니다.

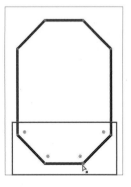

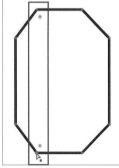

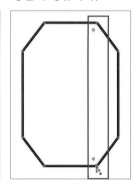

일러스트레이터

03 Selection Tool(선택 도구) ▶로 오브젝트를 선택하고 모퉁이 위젯을 드래그하여 반경을 조절하여 모 서리 부분을 둥글게 수정합니다.

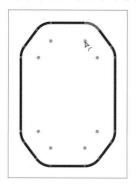

04 그리고 Alt + Shift 키를 누른 채 드래그하여 하나를 더 복사한 후 Rectangle Tool(사각형 도구)■ 을 선택하고 직사각형 모양을 겹쳐 그려줍니다.

 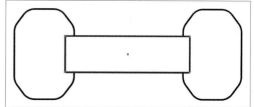

05 전체 오브젝트를 선택하고, Align(정렬) 패널에서 Vertical Align Center(세로 가운데 정렬)를 적용 하여 정렬합니다. 그리고 Pathfinder(패스파인더) 패널에서 Unite(합치기)를 눌러 하나로 합쳐준 뒤 Color(색상) 패널에서 면 색을 적용합니다.

  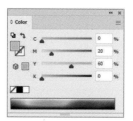

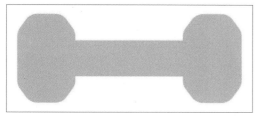

여러 개의 오브젝트를 겹쳐 표현할 때는 [View(보기)] 메뉴 에서 Smart Guides(특수 문자 안내선)를 체크하여 작업하 면 좀 더 정확하고 용이하게 작업할 수 있습니다.

06 도구 패널에서 Line Segment Tool(선분 도구) ╱ 을 선택하고 Shift 키를 누른 채 드래그하여 직선을 그려준 뒤 Color(색상) 패널에서 선 색을 적용합니다. 또한 Stroke(획) 패널에서 선의 두께를 지정한 후 Cap(단면) 모양을 Round Cap(둥근 단면)으로 지정합니다.

  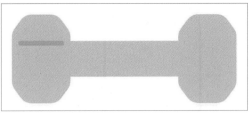

일러스트레이터

07 Selection Tool(선택 도구) ▶로 오브젝트를 선택하고 Alt 키를 누른 채 드래그하여 여러 개를 복사한 후 각각 배치하고, 세로 선 또한 위와 동일한 방법으로 직접 그려주고 복사합니다.

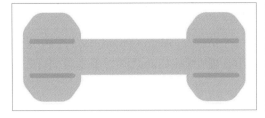 

08 작업이 모두 끝나면 앞서 작업해둔 돼지 캐릭터 옆으로 이동시킨 후 [Alt] 키를 누른 채 드래그하여 하나를 더 복사한 후 Free Transform Tool(자유 변형 도구)🢐🢒이나 Bounding Box(테두리 상자)를 사용하여 각각 크기를 조절하거나 회전시켜 배치합니다.

▼ 합격 Point

≪출력형태≫와 동일한 모양과 색상으로 오브젝트를 제작합니다.
M20Y60,
(선/획) C10M20Y60K10, 1pt

05. 레이아웃 정리 및 답안 전송하기

01 전체 작업이 모두 끝났으므로 ≪출력형태≫와 동일하게 눈금자 또는 안내선을 이용하여 오브젝트의 크기와 위치 등을 조절합니다.

✔ 체크 Point

작업된 오브젝트의 크기를 조절하고자 할 경우 Scale Tool(크기 조절 도구)을 사용하지 않고 Free Transform Tool(자유 변형 도구)이나 Bounding Box(테두리 상자)을 사용할 경우 Scale Tool(크기 조절 도구) 대화상자에서 Scale Strokes & Effects(선과 효과 크기 조절) 항목이 체크 되어 있지 않은 상태에서 사용하여야 기존의 선의 두께에 영향을 주지 않고 크기를 조절할 수 있습니다.

일러스트레이터

02 안내선을 사용하였을 경우 [View(보기)]–[Guides(안내선)]–[Hide Guides(안내선 숨기기)] 메뉴를 실행하여 안내선을 숨기고, 또한 [View(보기)]–[Ruler(눈금자)]–[Hide Rulers(눈금자 숨기기)]를 클릭하여 눈금자를 가려줍니다. 마지막으로 [File(파일)]–[Save(저장하기)] 메뉴를 실행하여 앞서 미리 저장해 두었던 파일로 최종 덮어쓰기 하여 작업을 마무리합니다.

☑ 합격 Point

앞서 아트보드를 저장하지 않았다면 답안 폴더 '내 PC₩문서₩GTQ'를 지정하고, 파일 이름은 '수험번호–성명–문제번호.ai', 파일 형식은 'Adobe Illustrator(*.AI)'를 지정하고 저장을 클릭합니다. 대화상자에서 Version(버전)을 현재 사용하고 있는 버전으로 지정하고 OK(확인)를 클릭하여 저장하도록 합니다.

03 답안을 전송하기 전에 '내 PC₩문서₩GTQ' 폴더 안에 앞서 작업한 파일에 대한 파일 이름과 파일 형식 등을 확인하고 수험 프로그램에서 [답안 전송]을 클릭하여 감독관 컴퓨터로 전송합니다.

문제 2 문자와 오브젝트 · · · 35점

새 아트보드 만들기 및 파일 저장하기 → 향수병 만들기 → 쇼핑백 만들기 → 화장품 제작 및 Effect(효과) 적용하기 → Brush(브러쉬) 적용하기 → 문자 입력 및 활용 → 레이아웃 정리 및 답안 전송하기

01. 새 아트보드 만들기 및 파일 저장하기

01 [File(파일)]-[New(새로 만들기)] 메뉴를 선택하고 Width(폭) 100mm와 Height(높이) 80mm를 입력합니다. Units(단위)는 Millimeters(밀리미터)를 지정하고, Color Mode(색상 모드)는 CMYK를 선택합니다.

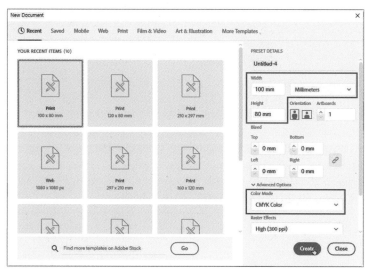

> **✔ 합격 Point**
>
> ≪조건≫에서 제시한 아트보드의 크기를 정확하게 지켜주어야 하며, 답안 작성요령에 제시된 것처럼 이미지 모드는 CMYK를 지정하고, 단위는 mm(밀리미터)를 지정하여야 합니다.

02 앞서 학습하였듯이 안내선을 이용하여 작업 창을 등분한 후 [File(파일)]-[Save(저장)] 메뉴를 실행하고 저장 위치를 '내 PCW문서WGTQ' 폴더로 지정합니다. 파일 형식은 'Adobe Illustrator(*.Ai)', 파일 이름은 '수험번호-성명-문제번호.ai'를 입력하고 저장합니다.

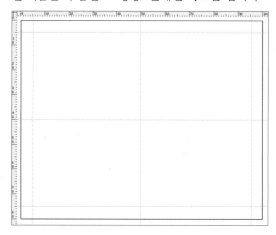

일러스트레이터

🏆 합격 Point

수험자 유의사항에 제시된 [파일명은 본인의 "수험번호–성명–문제번호"로 공백 없이 정확히 입력하고 답안폴더(내PC\문서\GTQ\)에 ai 파일 포맷으로 저장해야 하며, 다른 파일 형식과 버전으로 저장하였을 경우 0점 처리됩니다. 답안문서 파일명이 "수험번호–성명–문제번호"와 일치하지 않거나, 답안 파일을 전송하지 않아 미제출로 처리될 경우 불합격 처리됩니다. (예 : 내 PC\문서\GTQ\G123456789–홍길동–1.ai)] 위 내용대로 꼭 지켜주어야 합니다.

02. 향수병 만들기

01 도구 패널에서 Rectangle Tool(사각형 도구)■을 선택하고 Shift 키를 누른 채 드래그하여 정사각형을 그려준 뒤 Add Anchor Point Tool(고정점 추가 도구)✏로 상단과 하단의 패스에 각각 2개씩 고정점을 추가합니다. 그런 다음 다시 Delete Anchor Point Tool(고정점 삭제 도구)✏를 선택하고 상단과 하단 양쪽 고정점을 클릭하여 삭제합니다.

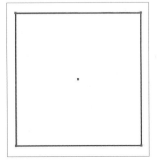
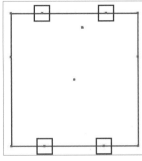
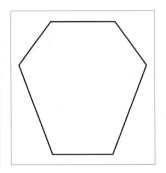

02 각각의 면을 등분하기 위해서 도구 패널에서 Line Segment Tool(선분 도구)✏️을 선택하고 Shift 키를 누른 채 드래그하여 직선을 그려주고, 나머지 선 또한 여러 개를 교차시켜 그려줍니다.

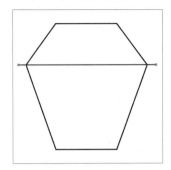 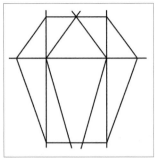

03 전체 오브젝트를 선택하고, Pathfinder(패스파인더) 패널에서 Divide(나누기)를 적용한 후 [Object(오브젝트)]−[Ungroup(그룹 해제)]을 실행하여 각각 분리시켜 줍니다.

 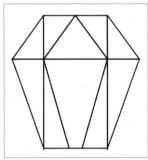

04 다시 Rectangle Tool(사각형 도구)◻️을 선택하고 직사각형을 그려준 뒤 Add Anchor Point Tool(고정점 추가 도구)✏️로 상단과 하단의 패스에 각각 2개씩 고정점을 추가합니다. 마찬가지 방법으로 Delete Anchor Point Tool(고정점 삭제 도구)✏️를 선택하고 상단 양쪽 고정점을 클릭하여 삭제하고, Direct Selection Tool(직접 선택 도구)▷로 하단 두 개의 고정점을 이동시켜 모양을 수정합니다.

 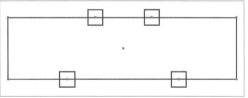

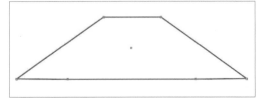 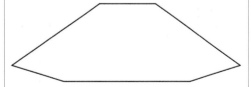

위와 같은 작업을 할 경우에도 [View(보기)] 메뉴에서 Smart Guides(특수 문자 안내선)를 체크하여 작업하면 좀 더 정확하고 용이하게 작업할 수 있습니다.

05 Line Segment Tool(선분 도구) / 을 선택하고 오브젝트를 가로지르는 직선을 각각 두 개 그려 준 뒤 전체 오브젝트를 선택하고, Pathfinder(패스파인더) 패널에서 Divide(나누기)를 적용한 후 [Object(오브젝트)]–[Ungroup(그룹 해제)]을 실행하여 각각 분리시켜 줍니다.

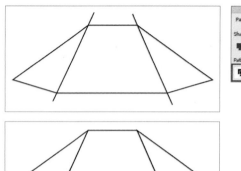

06 하단의 나머지 모양 또한 위와 동일한 방법으로 각각의 면을 제작한 후 Color(색상) 패널에서 면 색을 적용합니다.

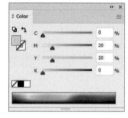
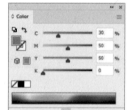
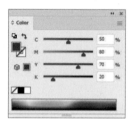

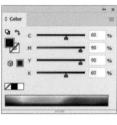

일러스트레이터

07 이번에는 하트모양을 만들기 위해서 도구 패널에서 Ellipse Tool(원형 도구)◯을 선택하고 [Shift] 키를 누른 채 마우스를 드래그하여 정원을 그립니다. 그런 다음 Direct Selection Tool(직접 선택 도구)▷로 중앙 상단의 고정점을 이동시킨 후 Anchor Point Tool(고정점 도구)ㅅ로 양쪽 방향선을 드래그하여 모양을 수정합니다. 계속하여 하단의 고정점 또한 Anchor Point Tool(고정점 도구)ㅅ로 클릭하여 뾰족하게 모양을 수정합니다.

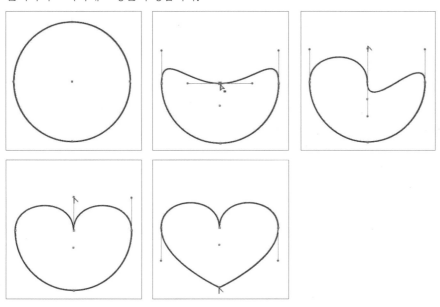

08 오브젝트에 그레이디언트 색상을 적용하기 위해서 Gradient(그라디언트) 패널을 불러옵니다. 오브젝트를 선택하고 패널에서 Type(유형)을 Radial Gradient(원형 그라디언트)을 지정한 후 Gradient Slider(색상 슬라이더)의 왼쪽 Color Stop(색상)을 더블클릭하여 ≪출력형태≫에서 제시한 색상을 지정합니다. 반대편 색상 또한 위와 동일한 방법으로 색상을 적용합니다.

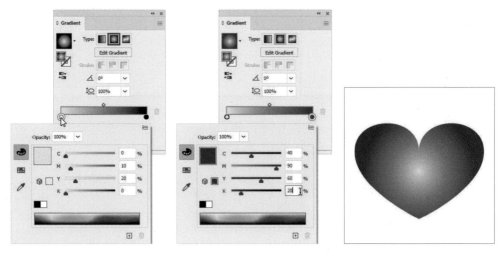

적용된 그레이디언트 색상을 편집하고자 할 경우에는 Gradient Tool(그라디언트 도구) ▮ 를 선택하면 적용 방향과 위치 영역 등을 조절할 수 있는 조절점이 나타납니다. 중앙 조절점을 이동시켜 위치를 조절할 수 있으며, 마우스를 드래그하여 ≪출력형태≫와 동일한 방향이 되도록 조절합니다.

▼ 합격 Point

≪출력형태≫와 동일한 모양과 색상으로 오브젝트를 제작합니다.
C50M80Y70K20,
C30M50Y50,
M20Y20,
C60M90Y90K60,
M10Y20 → C40M90Y60K20

일러스트레이터

03. 쇼핑백 만들기

01 도구 패널에서 Rectangle Tool(사각형 도구)▢을 선택하고 아트보드에 드래그하여 직사각형을 그려준 뒤 Free Transform Tool(자유 변형 도구)▨에서 Perspective Distort(원근 왜곡)▷을 선택하고 상단의 고정점을 이동시켜 모양을 변형시킵니다. 그리고 Color(색상) 패널에서 면 색을 적용합니다.

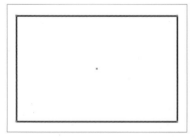
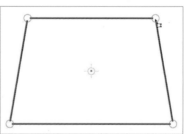

02 Selection Tool(선택 도구) ▶ 로 오브젝트를 선택하고 Alt 키를 누른 채 드래그하여 하나를 더 복사합니다. 그런 다음 [Object(오브젝트)]-[Arrange(정돈)]-[Send to Back(맨 뒤로 보내기)] 메뉴를 실행하여 뒤로 보내준 뒤 Free Transform Tool(자유 변형 도구) 이나 Bounding Box(테두리 상자)를 사용하여 크기를 축소하고, Color(색상) 패널에서 면 색을 수정합니다.

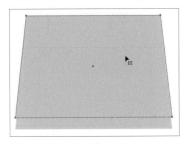
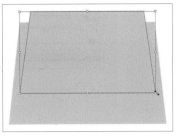
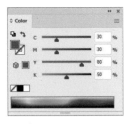

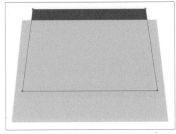

03 Pen Tool(펜 도구) 을 사용하여 나머지 옆면 또한 각각 그려준 뒤 Arrange(정돈) 기능을 사용하고, Color(색상) 패널에서 면 색을 적용합니다.

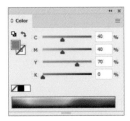
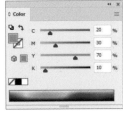

04 계속하여 Pen Tool(펜 도구) 을 사용하여 손잡이에 해당하는 곡선을 그려주고, Stroke(획) 패널에서 선의 두께를 두껍게 지정합니다.

05 선이 선택된 상태에서 [Object(오브젝트)]–[Path(패스)]–[Outline Stroke(윤곽 선)] 메뉴를 실행하여 선을 면으로 변환시켜 주고, Color(색상) 패널에서 면 색을 적용합니다.

Outline Stroke(윤곽선)은 선을 면으로 바꿔주는 기능으로 Stroke(획) 패널에서 선의 두께를 지정한 만큼 면으로 변환시켜 줍니다.

06 Selection Tool(선택 도구) ▶로 Alt 키를 누른 채 드래그하여 하나를 더 복사한 후 [Object(오브젝트)]–[Arrange(정돈)]–[Send to Back(맨 뒤로 보내기)] 메뉴를 실행하여 맨 뒤로 보내줍니다.

07 도구 패널에서 Ellipse Tool(원형 도구) ◯을 선택하고 Alt + Shift 키를 누른 채 마우스를 드래그하여 정원을 만든 후 Color(색상) 패널에서 면 색을 적용합니다. 또한 Selection Tool(선택 도구) ▶로 오브젝트를 선택하고 Alt + Shift 키를 누른 채 드래그하여 오른쪽에 하나를 더 복사합니다.

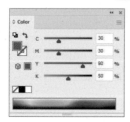 

08 이제 반짝이는 모양을 만들기 위해서 도구 패널에서 Rectangle Tool(사각형 도구) ▢을 선택하고 Shift 키를 누른 채 마우스를 드래그하여 정사각형을 만든 후 Color(색상) 패널에서 면 색을 적용합니다.

09 Free Transform Tool(자유 변형 도구) ⬚이나 Bounding Box(테두리 상자)를 사용하여 Shift 키를 누른 채 드래그하여 회전시킨 후 [Effect(효과)]-[Distort & Transform(왜곡과 변형)]-[Pucker & Bloat(오목과 볼록)] 메뉴를 실행하여 모양을 수정합니다. 또한 [Object(오브젝트)]-[Expand Appearance(모양 확장)] 메뉴를 실행하여 일반 오브젝트로 만들어 줍니다.

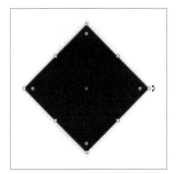 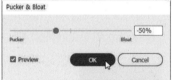 

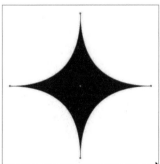

Expand(확장)와 비슷한 기능으로 스타일이 적용된 오브젝트, 즉 메뉴에서 [Effect(효과)] 효과를 적용하거나 브러쉬 효과가 적용된 오브젝트를 일반 오브젝트로 만들어 주는 기능입니다.

10 마지막으로 Selection Tool(선택 도구) ▶ 로 여러 개를 복사한 후 Free Transform Tool(자유 변형 도구) ⬚ 이나 Bounding Box(테두리 상자)를 사용하여 크기를 각각 축소하고, Color(색상) 패널에서 면 색을 수정합니다.

  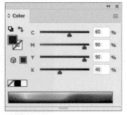

🌱합격 Point

《출력형태》와 동일한 모양과 색상으로 오브젝트를 제작합니다.
M20Y40,
C40M40Y70,
C20M30Y70K10,
C20M30Y80K50,
C50M70Y70K10,
C30M60Y50,
C60M90Y90K40

04. 화장품 제작 및 Effect(효과) 적용하기

01 먼저 립스틱 모양을 만들기 위해서 도구 패널에서 Rectangle Tool(사각형 도구) ▢ 을 선택하고 아트보드에 드래그하여 직사각형을 그려준 뒤 Color(색상) 패널에서 면 색을 적용합니다.

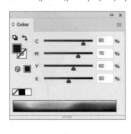 

02 연속적으로 Rectangle Tool(사각형 도구) ▢ 로 각각의 직사각형을 그려준 뒤, 면 색을 적용하고, 전체 오브젝트를 선택하고, Align(정렬) 패널에서 Horizontal Align Center(가로 가운데 정렬)를 적용하여 정렬합니다.

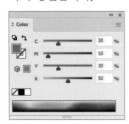  

여러 개의 오브젝트를 겹쳐 표현할 때는 [View(보기)] 메뉴에서 Smart Guides(특수 문자 안내선)를 체크하여 작업하면 좀 더 정확하고 용이하게 작업할 수 있습니다.

03 Pen Tool(펜 도구) ✏ 을 사용하여 상단의 모양 또한 직접 그려준 뒤, 면 색을 적용하고, [Object(오브젝트)]-[Arrange(정돈)]-[Send to Back(맨 뒤로 보내기)] 메뉴를 실행하여 맨 뒤로 보내줍니다.

04 이제 매니큐어 병을 만들어 보겠습니다. 도구 패널에서 Rectangle Tool(사각형 도구) ▦ 을 선택하고 직사각형을 그려준 뒤 Transform Tool(자유 변형 도구) ▨ 에서 Perspective Distort(원근 왜곡) ▱ 을 선택하여 하단의 고정점을 이동, 모양을 변형시킵니다.

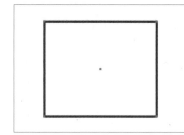

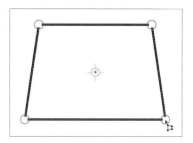

일러스트레이터

05 다시 Ellipse Tool(원형 도구)◯을 선택하고 상단과 하단에 타원형을 겹쳐 그린 후 전체 오브젝트를 선택하고, Pathfinder(패스파인더) 패널에서 Unite(합치기)를 눌러 하나로 합쳐준 뒤 Color(색상) 패널에서 면 색을 적용합니다.

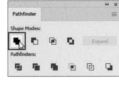 

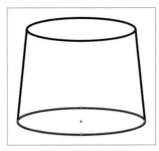

06 도구 패널에서 Rectangle Tool(사각형 도구)▢로 직사각형을 겹쳐 그려주고, Color(색상) 패널에서 면 색을 적용합니다.

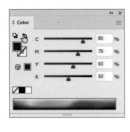 

07 계속하여 Line Segment Tool(선분 도구)✏️을 선택하고 Shift 키를 누른 채 드래그하여 직선을 그려준 뒤 Stroke(획) 패널에서 선의 두께를 지정하고 Cap(단면) 모양을 Round Cap(둥근 단면)으로 지정합니다.

08 선이 선택된 상태에서 [Object(오브젝트)]-[Path(패스)]-[Outline Stroke(윤곽 선)] 메뉴를 실행하여 선을 면으로 변환시켜 주고, Color(색상) 패널에서 면 색을 적용합니다.

09 나머지 선 모양 또한 위와 동일한 방법으로 만들고, Pen Tool(펜 도구)✏️을 사용하여 곡선의 면 또한 만들어 각각 색상을 적용합니다.

일러스트레이터

10 손잡이 부분을 만들기 위해 Rectangle Tool(사각형 도구)■로 직사각형을 만들고, Free Transform
Tool(자유 변형 도구)▣에서 Perspective Distort(원근 왜곡)⊡을 선택한 후 상단의 고정점을 이동
시켜 모양을 변형시킵니다.

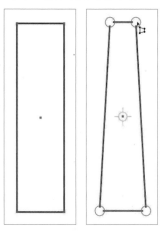

11 다시 Ellipse Tool(원형 도구)◯을 선택하고 상단과 하단에 타원형을 겹쳐 그린 후 전체 오브젝트를
선택하고, Pathfinder(패스파인더) 패널에서 Unite(합치기)를 눌러 하나로 합쳐준 뒤 Color(색상) 패
널에서 면 색을 적용합니다.

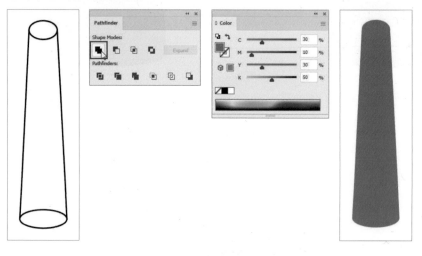

12 Pen Tool(펜 도구)✏️을 사용하여 하단에 곡선 두 개를 그려주고, 전체 오브젝트를 선택한 후 Pathfinder(패스파인더) 패널에서 Divide(나누기)를 적용, [Object(오브젝트)]-[Ungroup(그룹 해제)]을 실행하여 각각 분리시켜 줍니다. 그리고 Color(색상) 패널에서 면 색을 수정합니다.

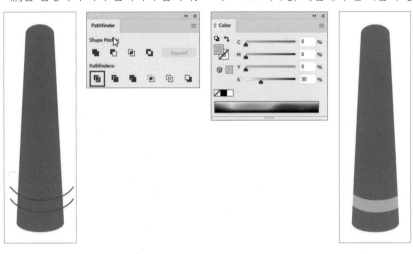

13 하단에 Rectangle Tool(사각형 도구)🔲과 Pen Tool(펜 도구)✏️을 사용하여 각각의 면을 그려준 뒤 색상을 적용하고, Free Transform Tool(자유 변형 도구)🔲이나 Bounding Box(테두리 상자)를 사용하여 회전시킨 후 앞서 쇼핑백에서 제작해 놓은 반짝이는 모양 하나를 복사하여 색상을 수정합니다.

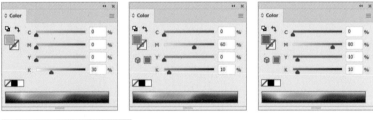

14 마지막으로 Effect(효과) 효과를 적용하기 위해서 매니큐어 병 부분에 해당하는 오브젝트를 모두 선택하고 [Object(오브젝트)]-[Group(그룹)] 메뉴를 실행하여 하나의 그룹으로 묶어줍니다. 그런 다음 [Effect(효과)]-[Stylize(스타일화)]-[Drop Shadow(그림자 효과)] 메뉴를 실행하여 대화상자에서 퍼짐 정도와 그림자 위치 등을 조절하여 효과를 적용합니다.

▽ **합격 Point**

《출력형태》와 동일한 모양과 색상으로 오브젝트 제작 후 Effect(효과)를 적용합니다.
M80Y10K10,
K30,
C30M10Y30K50,
C80M70Y60K50,
M60K10,
[Effect] Drop Shadow

일러스트레이터

05. Brush(브러쉬) 적용하기

01 도구 패널에서 Line Segment Tool(선분 도구) / 을 선택하고 Shift 키를 누른 채 아트보드 하단에 직선을 그립니다. [Window(윈도우)] 메뉴에서 Brushes(브러쉬) 패널을 불러오고, 패널 하단의 Brush Libraries Menu(브러쉬 라이브러리 메뉴)를 클릭하여 Artistic(예술)〉Artistic_Watercolor(예술_수채화 효과) 패널을 불러옵니다. 패널에서 Watercolor Stroke 3(수채화 선 3) 브러쉬를 클릭하면 Brushes(브러쉬) 패널에 등록되는 것을 볼 수 있습니다.

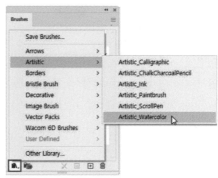

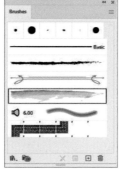

02 앞서 작업한 직선을 선택하고, Watercolor Stroke 3(수채화 선 3) 브러쉬를 적용한 후 Color(색상) 패널에서 선 색을 적용하고, Stroke(획) 패널에서 선의 두께를 지정합니다. 그리고 [Object(오브젝트)]-[Arrange(정돈)]-[Send to Back(맨 뒤로 보내기)] 메뉴를 실행하여 맨 뒤로 보내줍니다.

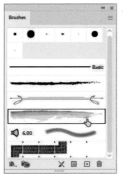

03 이번에는 다른 모양의 브러쉬를 적용하기 위해서 Brush Libraries Menu(브러쉬 라이브러리 메뉴)를 클릭하여 Decorative(장식)〉Decorative_Banners and Seals(장식_배너와 씰) 패널을 불러온 후 Banner 2(배너 2)을 Brushes(브러쉬) 패널에 등록합니다.

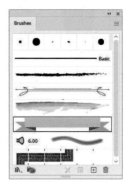

04 도구 패널에서 Line Segment Tool(선분 도구) / 을 선택하고 Shift 키를 누른 채 아트보드 상단에 직선 모양을 그려준 뒤 앞서 불러온 Banner 2(배너 2)브러쉬를 적용하고, Stroke(획) 패널에서 선의 두께를 지정합니다.

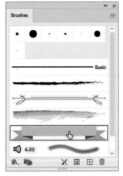

🔽 합격 Point

≪출력형태≫와 동일한 모양과 두께로 Brush(브러쉬)를 적용합니다.
[Brush] Watercolor Stroke 3, K30, 1pt
[Brush] Banner 2, 0.75pt

일러스트레이터

06. 문자 입력 및 활용

01 도구 패널에서 Type Tool(문자 도구) **T**을 선택하고 아트보드에 클릭하여 문자를 입력합니다. Character(문자) 패널에서 조건에서 제시한 글꼴과 스타일을 지정합니다.

COSMETIC EVENT!

02 Selection Tool(선택 도구) ▶로 문자를 선택하고, [Type(문자)]−[Create Outlines(윤곽선 만들기)] 메뉴를 실행하여 오브젝트화 시켜준 뒤 [Object(오브젝트)]−[Ungroup(그룹 해제)]을 실행하여 각각 분리합니다.

COSMETIC EVENT!

> Create Outlines(윤곽선 만들기)은 문자를 오브젝트로 변환시켜주는 기능입니다.

03 도구 패널에서 Line Segment Tool(선분 도구) ╱을 선택하고, 문자 오브젝트를 가로지르는 직선을 그려줍니다. 그런 다음 전체 오브젝트를 선택하고, Pathfinder(패스파인더) 패널에서 Divide(나누기) 를 적용한 후 [Object(오브젝트)]−[Ungroup(그룹 해제)]을 실행합니다.

~~COSMETIC EVENT!~~

COSMETIC EVENT!

일러스트레이터

04 각각 분리된 오브젝트에 Color(색상) 패널에서 면 색을 적용하고, 앞서 만들어 놓은 브러쉬 모양 위에 배치한 후 필요시 Free Transform Tool(자유 변형 도구)이나 Bounding Box(테두리 상자)를 사용하여 크기를 조절합니다.

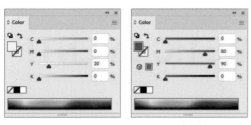

05 이번에는 쇼핑백 위에 문자를 입력하기 위해서 Pen Tool(펜 도구)을 사용하여 곡선을 그려줍니다. 그런 다음 도구 패널에서 Type on a Path Tool(패스 상의 문자 도구)을 선택하고 곡선 위에 클릭하여 문장을 입력합니다.

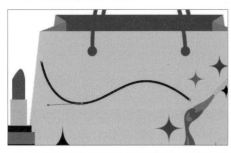 

Type on a Path Tool(패스 상의 문자 도구)은 오브젝트의 외곽선을 따라 문자를 입력하는 도구로 입력된 문자의 방향을 수정하려면 중간 조절점을 드래그하여 이동시킬 수 있습니다.

06 입력된 문자를 선택하고 Character(문자) 패널에서 조건에서 제시한 글꼴과 크기, 스타일을 지정하고, Color(색상) 패널에서 색상을 적용합니다.

 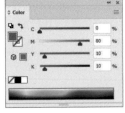 

▼ 합격 Point

≪조건≫에서 제시한 문자를 이용하여 ≪출력형태≫와 동일하게 표현하고, 글꼴과 크기, 색상 등을 적용합니다.

Y20,

M80Y90,

① Color Makeup Show (Arial, Regular, 10pt, M80Y10K10)

07. 레이아웃 정리 및 답안 전송하기

01 전체 작업이 모두 끝났으므로 ≪출력형태≫와 동일하게 눈금자 또는 안내선을 이용하여 오브젝트의 크기와 위치 등을 조절합니다.

✔ 체크 Point

작업된 오브젝트의 크기를 조절하고자 할 경우 Scale Tool(크기 조절 도구)을 사용하지 않고 Free Transform Tool(자유 변형 도구)이나 Bounding Box(테두리 상자)을 사용할 경우 Scale Tool(크기 조절 도구) 대화상자에서 Scale Strokes & Effects(선과 효과 크기 조절) 항목이 체크 되어 있지 않은 상태에서 사용하여야 기존의 선의 두께에 영향을 주지 않고 크기를 조절할 수 있습니다.

02 안내선을 사용하였을 경우 [View(보기)]-[Guides(안내선)]-[Hide Guides(안내선 숨기기)] 메뉴를 실행하여 안내선을 숨기고, 또한 [View(보기)]-[Ruler(눈금자)]-[Hide Rulers(눈금자 숨기기)]를 클릭하여 눈금자를 가려줍니다. 마지막으로 [File(파일)]-[Save(저장하기)] 메뉴를 실행하여 앞서 미리 저장해 두었던 파일로 최종 덮어쓰기 하여 작업을 마무리합니다.

✚ 합격 Point

앞서 아트보드를 저장하지 않았다면 답안 폴더 '내 PC₩문서₩GTQ'를 지정하고, 파일 이름은 '수험번호-성명-문제번호.ai', 파일 형식은 'Adobe Illustrator(*.AI)'를 지정하고 저장을 클릭합니다. 대화상자에서 Version(버전)을 현재 사용하고 있는 버전으로 지정하고 OK(확인)를 클릭하여 저장하도록 합니다.

03 답안을 전송하기 전에 '내 PC₩문서₩GTQ' 폴더 안에 앞서 작업한 파일에 대한 파일 이름과 파일 형식 등을 확인하고 수험 프로그램에서 [답안 전송]을 클릭하여 감독관 컴퓨터로 전송합니다.

일러스트레이터

문제 3 어플리케이션 디자인 · · · 40점

새 아트보드 만들기 및 파일 저장하기 → 옷 만들기 → 옷가게 만들기 → Pattern(패턴) 등록 및 활용 → 라벨 만들기 → 문자 입력 → 레이아웃 정리 및 답안 전송하기

01. 새 아트보드 만들기 및 파일 저장하기

01 [File(파일)]−[New(새로 만들기)] 메뉴를 선택하고 Width(폭) 120mm와 Height(높이) 80mm를 입력합니다. Units(단위)는 Millimeters(밀리미터)를 지정하고, Color Mode(색상 모드)는 CMYK를 선택합니다.

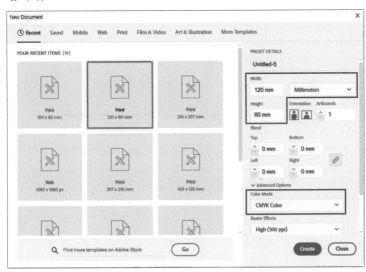

> **✚합격 Point**
>
> 《조건》에서 제시한 아트보드의 크기를 정확하게 지켜주어야 하며, 답안 작성요령에 제시된 것처럼 이미지 모드는 CMYK를 지정하고, 단위는 mm(밀리미터)를 지정하여야 합니다.

02 앞서 학습하였듯이 안내선을 이용하여 작업 창을 등분한 후 [File(파일)]−[Save(저장)] 메뉴를 실행하고 저장 위치를 '내 PC₩문서₩GTQ' 폴더로 지정합니다. 파일 형식은 'Adobe Illustrator(*.Ai)', 파일 이름은 '수험번호−성명−문제번호.ai'를 입력하고 저장합니다.

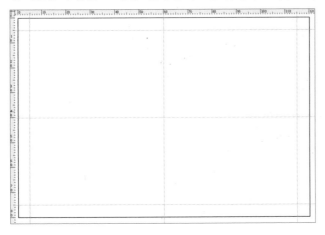

239

Illustrator

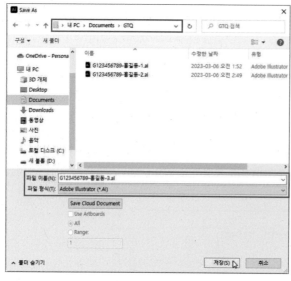

02. 옷 만들기

01 도구 패널에서 Pen Tool(펜 도구) ✏을 선택하고 옷 모양 형태에 해당하는 면을 그린 후 Color(색상) 패널에서 면 색을 적용합니다. 필요시 Direct Selection Tool(직접 선택 도구) ▷로 모양을 수정하면 됩니다.

일러스트레이터

02 계속하여 Pen Tool(펜 도구) 🖋로 왼쪽 장식에 해당하는 곡선을 각각 그려준 뒤, 면 색을 적용하고, [Object(오브젝트)]–[Arrange(정돈)]–[Send to Back(맨 뒤로 보내기)] 메뉴를 실행하여 뒤로 보내줍니다.

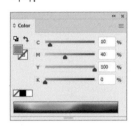 

03 세 개의 오브젝트를 선택하고 Reflect Tool(반사 도구) 🖎를 선택합니다. 그런 다음 Alt 키를 누른 채 중앙이 되는 부분을 클릭하면 대화상자가 나타나고, Axis(축)에서 Vertical(세로)을 체크한 후 Copy(복사)를 클릭하여 하나를 더 반사합니다.

04 나머지 면 또한 Pen Tool(펜 도구) 🖋과 Direct Selection Tool(직접 선택 도구) ▷ 등을 사용하여 각각 그려준 뒤 Color(색상) 패널에서 면 색을 적용합니다.

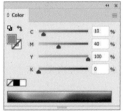 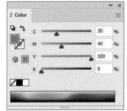 

▼ 합격 Point

≪출력형태≫와 동일한 모양과 색상으로 오브젝트를 제작합니다.
M20Y80,
C10M40Y100,
C30M40Y100

03. 옷가게 만들기

01 도구 패널에서 Rectangle Tool(사각형 도구)□을 선택하고 아트보드에 드래그하여 직사각형을 그리고, Color(색상) 패널에서 면 색을 적용합니다.

02 나머지 면 또한 위와 동일한 방법으로 각각의 직사각형을 그려주고, 면 색을 적용합니다. 또한 전체 오브젝트를 선택하고 Align(정렬) 패널에서 Vertical Align Center(세로 가운데 정렬)를 적용하여 정렬해 주면 좀 더 정확합니다.

03 천막 부분을 만들기 위해서 Rectangle Tool(사각형 도구)□을 선택하고 직사각형을 그린 후 다시 Ellipse Tool(원형 도구)●로 Alt + Shift 키를 누른 채 정원을 겹쳐 그려줍니다.

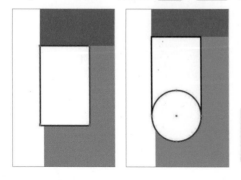

여러 개의 오브젝트를 겹쳐 표현할 때는 [View(보기)] 메뉴에서 Smart Guides(특수 문자 안내선)를 체크하여 작업하면 좀 더 정확하고 용이하게 작업할 수 있습니다.

04 Direct Selection Tool(직접 선택 도구) ▷ 로 원의 상단 고정점을 Delete 키를 눌러 삭제하고, 각각의 오브젝트에 면 색을 적용합니다.

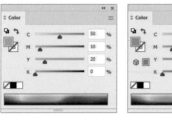  

05 Selection Tool(선택 도구) ▶ 로 두 개의 오브젝트를 동시에 선택하고 Alt + Shift 키를 누른 채 옆으로 이동시킨 후 [Object(오브젝트)]–[Transform(변형)]–[Transform Again(변형 반복)] 명령을 반복적으로 실행합니다.

변형 반복 기능은 바로 전에 움직인 명령에 대한 반복 명령으로 오브젝트가 선택되어 있는 상태에서 Ctrl + D 를 눌러 단축키를 사용해도 됩니다.

06 복사된 각각의 오브젝트에 Color(색상) 패널에서 면 색을 수정하고, 필요시 Free Transform Tool(자유 변형 도구)▦이나 Bounding Box(테두리 상자)를 사용하여 크기를 조절합니다.

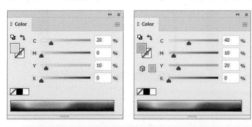

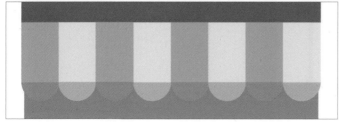

07 나머지 문과 창문 등을 Rectangle Tool(사각형 도구)▣과 Ellipse Tool(원형 도구)◯을 사용하여 그려준 뒤 각각 면 색을 적용합니다.

08 계속하여 Pen Tool(펜 도구)✒과 Rectangle Tool(사각형 도구)▣, Ellipse Tool(원형 도구)◯을 사용하여 마네킹 부분을 직접 만들고 면 색을 적용하여 두 개를 더 복사하여 배치합니다.

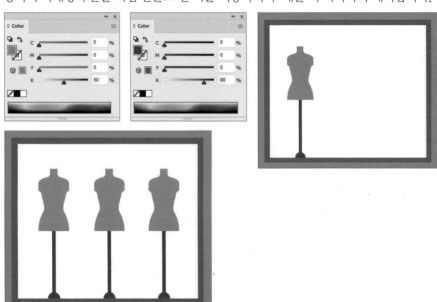

09 Selection Tool(선택 도구) ▶로 앞서 제작해 놓은 옷을 Alt 키를 사용하여 두 개를 복사한 후 Free Transform Tool(자유 변형 도구) 이나 Bounding Box(테두리 상자)를 사용하여 크기를 조절하고, 오른쪽 옷은 색상을 수정합니다.

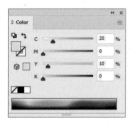

10 마지막으로 Pen Tool(펜 도구) ✎로 반사광에 해당하는 모양을 그려주고, 면 색을 적용한 후 Transparency(투명도) 패널을 불러와 Opacity(불투명도) 값을 적용합니다.

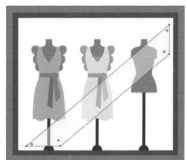

> **합격 Point**
>
> 《출력형태》와 동일한 모양과 색상으로 오브젝트를 제작합니다.
> M60Y40,
> C10M80Y70,
> C50M10Y20,
> C60M20Y30,
> C20Y10,
> C0M0Y0K0,
> K50,
> K80,
> C50M100Y100K10,
> C10, Opacity 50%

04. Pattern(패턴) 등록 및 활용

01 도구 패널에서 Ellipse Tool(원형 도구)◯을 선택하고 타원형을 그려줍니다. 그런 다음 원을 선택하고 도구 패널의 Rotate Tool(회전 도구)↻을 지정한 후 **Alt** 키를 누른 채 중심이 되는 부분을 클릭합니다. 대화상자에서 Angle(회전 각도) 값을 입력하고 Copy(복사) 버튼을 클릭하여 하나를 더 복사한 후 계속하여 [Object(오브젝트)]-[Transform(변형)]-[Transform Again(변형 반복)] 명령을 반복적으로 실행합니다.

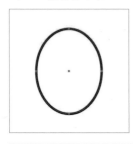 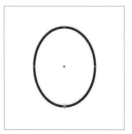 

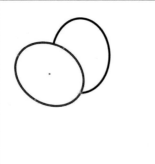 

> 변형 반복 기능은 바로 전에 움직인 명령에 대한 반복 명령으로 오브젝트가 선택되어 있는 상태에서 **Ctrl** + **D** 를 눌러 단축키를 사용해도 됩니다.

02 Selection Tool(선택 도구)▶로 각각의 면을 선택하고, Color(색상) 패널에서 지그재그로 면 색을 적용합니다.

일러스트레이터

03 상단의 세 개의 원만을 선택하고, Pathfinder(패스파인더) 패널에서 Divide(나누기)를 적용한 후 [Object(오브젝트)]-[Ungroup(그룹 해제)]을 실행하여 각각 분리시켜 줍니다. 그런 다음 앞서 적용한 색상으로 수정하고, 일부는 [Object(오브젝트)]-[Arrange(정돈)]-[Send to Back(맨 뒤로 보내기)] 메뉴를 실행하여 맨 뒤로 보내줍니다.

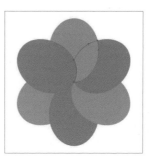

04 Ellipse Tool(원형 도구)◯로 안쪽에 작은 타원형을 만든 후, 면 색을 적용하고, 동일한 방법대로 Rotate Tool(회전 도구)◯을 사용하여 회전시켜 줍니다.

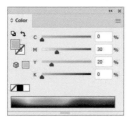
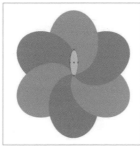

05 패턴으로 등록하기 위해서 Selection Tool(선택 도구) ▶로 전체 오브젝트를 선택하고, [Object(오브 젝트)]-[Pattern(패턴)]-[Make(만들기)] 메뉴를 실행합니다. 패턴 옵션 대화상자에서 Tile Type(타 일 유형)을 Brick by Column(열로 벽돌형)로 지정하고 Width(가로)와 Height(세로) 값을 설정하여 무늬 간격이 떨어지도록 조절한 후 상단의 Done(실행)을 클릭합니다.

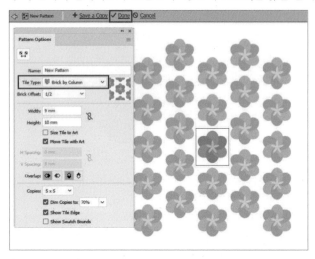

> ### ✅ 체크 Point
> 기존에 오브젝트를 만든 후 사각형 도구로 투명 영역을 잡아 Swatches(견본) 패널로 드래그하여 등록하는 방법 외에 최신 버 전에서는 메뉴를 실행하여 패턴 옵션 패널을 이용하여 다양한 타일 유형과 배치 방법 등을 미리보기 하며 패턴으로 등록할 수 있습니다. 물론 기존의 패턴을 편집하려면 Swatches(견본) 패널에서 해당 패턴을 더블클릭하거나 패턴이 포함된 오브젝트를 선택한 다음 [Object(오브젝트)]-[Pattern(패턴)]-[Edit Pattern(패턴 편집)] 명령을 실행하면 됩니다.

06 등록된 패턴을 적용하기 위해서 앞서 제작해 놓은 사각형을 선택하고, [Edit(편집)]-[Copy(복사)], [Edit(편집)]-[Paste in Front(앞에 붙이기)] 메뉴를 연속적으로 실행하여 제자리에 하나를 더 붙여넣 기 하고, Swatches(견본) 패널에서 등록된 패턴을 클릭하여 채워줍니다.

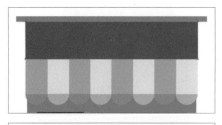
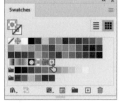

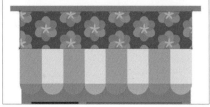

일러스트레이터

07 적용된 패턴 무늬가 크거나 작을 경우, 크기를 조절하기 위해서 Scale Tool(크기 조절 도구)⊡을 더블클릭하여 대화상자에서 하단의 Transform Patterns(패턴 변형) 항목만을 체크하고 크기를 조절합니다.

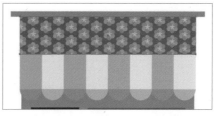

Scale Tool(크기 조절 도구)이나 Rotate Tool(회전 도구) 사용 시 대화상자에서 Options(옵션) 항목 중 Transform Objects(개체 변형)를 체크하지 않고, Transform Patterns(패턴 변형)만 체크하는 이유는 오브젝트의 크기와는 상관없이 패턴 무늬만 크기를 조절하거나 회전시키기 위해서입니다.

08 패턴이 등록된 사각형을 선택하고, Color(색상) 패널에서 선 색을 적용합니다. 그리고 Stroke(획) 패널에서 선의 두께를 지정하고, Dashed Line(점선 사용) 항목을 체크한 후 dash(점선)과 gap(간격) 값을 직접 입력하여 불규칙적인 점선을 만들어 줍니다.

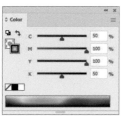

09 천막 부분에 장식을 위해서 앞서 패턴으로 제작한 꽃무늬를 Selection Tool(선택 도구)▶로 Alt 키를 누른 채 드래그하여 하나를 복사한 후 Pathfinder(패스파인더) 패널에서 Unite(합치기)를 눌러 하나로 합쳐준 뒤 Color(색상) 패널에서 면 색을 적용합니다.

⑩ 그리고 Alt 키를 누른 채 드래그하여 하나를 복사한 후 연속적으로 [Object(오브젝트)]-[Transform (변형)]-[Transform Again(변형 반복)] 메뉴를 실행합니다. 그런 다음 세 개의 오브젝트를 모두 선택하여 [Object(오브젝트)]-[Group(그룹)] 메뉴를 실행하여 하나의 그룹으로 묶어줍니다.

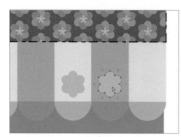 

> ### ✚ 합격 Point
>
> ≪출력형태≫와 동일한 모양으로 오브젝트 제작 후 패턴을 적용합니다.
> M30Y20,
> M50Y30,
> M60Y40,
> C40Y30,
> (선/획) C50M100Y100K50, 0.5pt
> [Pattern]
> [Group]

05. 라벨 만들기

① 도구 패널에서 Rectangle Tool(사각형 도구)▢을 선택하고 직사각형 모양을 그린 뒤 모퉁이 위젯을 드래그하여 반경을 조절합니다. 또한 Color(색상) 패널에서 면 색을 적용합니다.

02 사각형이 선택된 상태에서 [Object(오브젝트)]-[Path(패스)]-[Offset Path(패스 이동)] 메뉴를 실행하여 Offset(이동) 값을 '-' 값으로 적용하여 하나씩을 더 축소 복사한 후 Color(색상) 패널에서 선 색을 적용합니다.

 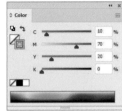 

03 그리고 Stroke(획) 패널에서 선의 두께를 지정하고, Dashed Line(점선 사용) 항목을 체크한 후 dash(점선)과 gap(간격) 값을 직접 입력하여 규칙적인 점선을 만들어 줍니다.

 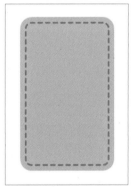

04 위쪽에 둥근 형태를 만들기 위해 Ellipse Tool(원형 도구) ⬭을 선택하고 Alt + Shift 키를 누른 채 마우스를 드래그하여 정원을 만든 후 Color(색상) 패널에서 면 색을 적용합니다. 또한 Selection Tool(선택 도구) ▶로 오브젝트를 선택하고 Alt 키를 누른 채 드래그하여 두 개를 더 복사합니다.

 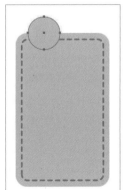 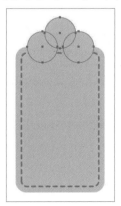

05 세 개의 원과 바깥쪽 오브젝트만을 선택하고, Pathfinder(패스파인더) 패널에서 Unite(합치기)를 눌러 하나로 합쳐준 뒤 [Object(오브젝트)]-[Arrange(정돈)]-[Send to Back(맨 뒤로 보내기)] 메뉴를 실행하여 맨 뒤로 보내줍니다.

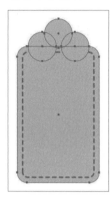

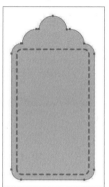

06 다시 Ellipse Tool(원형 도구) ◯ 로 정원을 하나 더 만들고 바깥쪽 오브젝트와 원만을 선택한 후 Pathfinder(패스파인더) 패널에서 Minus Front(앞면 오브젝트 제외)를 눌러 구멍을 뚫어준 뒤 [Object(오브젝트)]-[Arrange(정돈)]-[Send to Back(맨 뒤로 보내기)] 메뉴를 실행하여 맨 뒤로 보내줍니다.

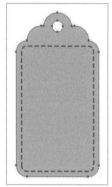

07 앞서 제작한 오브젝트를 선택하고 Alt 키를 누른 채 드래그하여 하나를 더 복사한 후 [Object(오브젝트)]-[Arrange(정돈)]-[Send to Back(맨 뒤로 보내기)] 메뉴를 실행하여 맨 뒤로 보내줍니다.
그런 다음 앞쪽의 오브젝트를 모두 선택하고 Free Transform Tool(자유 변형 도구) ⬚ 이나 Bounding Box(테두리 상자)를 사용하여 회전시켜 줍니다.

일러스트레이터

08 뒤쪽의 오브젝트에 그레이디언트 색상을 적용하기 위해서 Gradient(그라디언트) 패널을 불러옵니다. 오브젝트를 선택하고 패널에서 Type(유형)을 Radial Gradient(원형 그라디언트)을 지정한 후 Gradient Slider(색상 슬라이더)의 왼쪽 Color Stop(색상)을 더블클릭하여 ≪출력형태≫에서 제시한 색상을 지정합니다. 반대편 색상 또한 위와 동일한 방법으로 색상을 적용합니다.

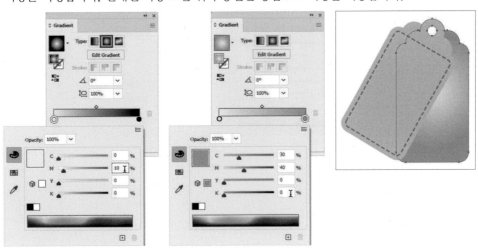

09 도구 패널에서 Pen Tool(펜 도구) 🖊을 선택하고 고리 모양에 곡선을 그린 후 Color(색상) 패널에서 선 색을 적용합니다. 또한 Stroke(획) 패널에서 선의 두께를 지정합니다.

10 마지막으로 앞서 제작해 놓은 옷을 하나 더 복사하여 라벨 위쪽에 배치하고 Free Transform Tool(자유 변형 도구) 🔲이나 Bounding Box(테두리 상자)를 사용하여 크기 조절 및 회전시켜 줍니다.

✔합격 Point

≪출력형태≫와 동일한 모양과 색상으로 오브젝트를 제작합니다.
C10M30,
M10 → C30M40,
(선/획) C10M70Y20, 1pt,
(선/획) C10M70Y20, 0.75pt

06. 문자 입력

01 도구 패널에서 Type Tool(문자 도구) **T**을 선택하고 아트보드에 클릭하여 문자를 입력합니다. Character(문자) 패널에서 조건에서 제시한 글꼴과 크기, 스타일을 지정하고, Color(색상) 패널에서 색상을 각각 적용합니다.

02 또한 Paragraph(문단) 패널에서 Align center(가운데 정렬) 버튼을 클릭하여 중앙정렬 하여 라벨 위에 배치한 후 Free Transform Tool(자유 변형 도구)이나 Bounding Box(테두리 상자)를 사용하여 회전시켜 줍니다.

03 나머지 문자 또한 Type Tool(문자 도구) **T** 로 입력한 후 Character(문자) 패널에서 조건에서 제시한 글꼴과 크기, 스타일을 지정하고, Color(색상) 패널에서 색상을 적용합니다.

 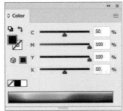 

> ✅ **체크 Point**
>
> ≪조건≫에서 제시한 문자의 속성 이외에 제시되지 않은 문자 속성을 기본값으로 작성하지 않을 경우에는 감점 처리됩니다.

> 🔻 **합격 Point**
>
> ≪조건≫에서 제시한 문자를 입력하고, ≪출력형태≫와 동일하게 레이아웃을 정리합니다.
> ① Time Sale $20.00 (Arial, Regular, 8pt, C50M80Y30)
> ② MIN CLOTHES (Times New Roman, Bold, 22pt, C50M100Y100K50)

07. 레이아웃 정리 및 답안 전송하기

01 전체 작업이 모두 끝났으므로 ≪출력형태≫와 동일하게 눈금자 또는 안내선을 이용하여 오브젝트의 크기와 위치 등을 조절합니다.

> ✅ **체크 Point**
>
> 작업된 오브젝트의 크기를 조절하고자 할 경우 Scale Tool(크기 조절 도구)을 사용하지 않고 Free Transform Tool(자유 변형 도구)이나 Bounding Box(테두리 상자)를 사용할 경우 Scale Tool(크기 조절 도구) 대화상자에서 Scale Strokes & Effects(선과 효과 크기 조절) 항목이 체크 되어 있지 않은 상태에서 사용하여야 기존의 선의 두께에 영향을 주지 않고 크기를 조절할 수 있습니다.

일러스트레이터

02 안내선을 사용하였을 경우 [View(보기)]-[Guides(안내선)]-[Hide Guides(안내선 숨기기)] 메뉴를 실행하여 안내선을 숨기고, 또한 [View(보기)]-[Ruler(눈금자)]-[Hide Rulers(눈금자 숨기기)]를 클릭하여 눈금자를 가려줍니다. 마지막으로 [File(파일)]-[Save(저장하기)] 메뉴를 실행하여 앞서 미리 저장해 두었던 파일로 최종 덮어쓰기 하여 작업을 마무리합니다.

♥ 합격 Point

앞서 아트보드를 저장하지 않았다면 답안 폴더 '내 PC₩문서₩GTQ'를 지정하고, 파일 이름은 '수험번호—성명—문제번호.ai', 파일 형식은 'Adobe Illustrator(*.AI)'를 지정하고 저장을 클릭합니다. 대화상자에서 Version(버전)을 현재 사용하고 있는 버전으로 지정하고 OK(확인)를 클릭하여 저장하도록 합니다.

03 답안을 전송하기 전에 '내 PC₩문서₩GTQ' 폴더 안에 앞서 작업한 파일에 대한 파일 이름과 파일 형식 등을 확인하고 수험 프로그램에서 [답안 전송]을 클릭하여 감독관 컴퓨터로 전송합니다.

PART 05

적중 모의고사

● 아티오(www.atio.co.kr)의 [IT/기술]-[자료실]에 정답 파일이 제공됩니다.

적중 모의고사 1회

적중 모의고사 2회

적중 모의고사 3회

적중 모의고사 4회

적중 모의고사 5회

적중 모의고사 6회

적중 모의고사 7회

GTQi (그래픽기술자격-일러스트)

급수	문제유형	시험시간	수험번호	성 명
2급		90분		

수험자 유의사항

- 수험자는 문제지를 받는 즉시 응시하고자 하는 과목 및 급수가 맞는지 확인한 후 수험번호와 성명을 작성합니다.
- 파일명은 본인의 "수험번호-성명-문제번호"로 공백 없이 정확히 입력하고 답안폴더(내 PC\문서\GTQ)에 ai 파일 포맷으로 저장해야 하며, 다른 파일 형식으로 저장하였을 경우 0점 처리됩니다. 답안문서 파일명이 "수험번호-성명-문제번호"와 일치하지 않거나, 답안 파일을 전송하지 않아 미제출로 처리될 경우 불합격 처리됩니다.
- 수험자 정보와 저장한 파일명, 저장 위치가 다를 경우 전송이 되지 않으므로, 주의하시기 바랍니다.
- 답안 작성 중에도 주기적으로 '저장'과 '답안 전송'을 이용하여 감독위원 PC로 답안을 전송하셔야합니다. (※ 작업한 내용을 저장하지 않고 전송할 경우 이전의 저장내용이 전송되오니 이점 반드시 유념하시기 바랍니다.)
- 답안문서는 지정된 경로 외의 다른 보조기억장치에 저장하는 행위, 지정된 시험 시간 외에 작성된 파일을 활용한 행위, 기타 통신수단(이메일, 메신저, 네트워크 등)을 이용하여 타인에게 전달 또는 외부 반출하는 행위는 부정으로 간주되어 자격기본법 제32조에 의거 본 시험 및 국가공인 자격시험을 2년간 응시할 수 없습니다.
- 시험 중 부주의 또는 고의로 시스템을 파손한 경우와 <수험자 유의사항>에 기재된 방법대로 이행하지 않아 생기는 불이익은 수험자의 책임임을 알려 드립니다.
- 시험을 완료한 수험자는 최종적으로 저장한 답안파일이 전송되었는지 확인한 후 감독위원의 지시에 따라 문제지를 제출하고 퇴실합니다.

답안 작성요령

- 온라인 답안 작성 절차
  수험자 등록 ⇒ 시험 시작 ⇒ 답안파일 저장 ⇒ 답안 전송 ⇒ 시험 종료
- 배점은 총 100점으로 이루어지며, 점수는 각 문제별로 차등 배분됩니다.
- 각 문제는 제시된 조건에 맞게 답안을 작성하셔야 하며, 조건을 지키지 못했을 경우에는 0점 또는 감점 처리됩니다.
- 조건에서 주어진 단위는 'mm(밀리미터)'입니다. 눈금자는 작성하지 않으며, 그 외는 출력형태(레이아웃, 색상, 문자, 규격 등)와 같게 작업하십시오.
- 문제 조건에 서체의 지정이 없을 경우 한글은 굴림이나 돋움, 영문은 Arial로 작업하십시오. (단, 그 외 제시되지 않은 문자 속성을 기본값으로 작성하지 않은 경우는 감점 처리됩니다.)
- 문제 조건에 크기와 색상, 두께의 지정이 없을 경우 《출력형태》를 참고하여 작업해 주시기 바랍니다.
- Image Mode(이미지 모드)는 별도의 처리조건이 없을 경우에는 CMYK로 작업하십시오.
- 조건에서 제시한 기능을 임의로 합치거나 각 기능에 대한 속성을 해지할 경우 해당 요소는 0점 처리됩니다.

일러스트레이터

문제1 기본 툴 활용 [25점]

다음의 《조건》에 따라 아래의 《출력형태》와 같이 작업하시오.

《조건》

파일저장규칙	AI	파일명	문서₩GTQ₩수험번호-성명-1.ai
		크기	100 × 80mm

1. 작업 방법

① 도형, 변형 툴과 Pathfinder 기능을 활용하여 오브젝트를 작성한다.
② 그 외 《출력형태》 참조

《출력형태》

C10M20Y60,
C30M30Y30,
C40M40Y40,
C40M40Y40K20,
C20M60Y80,
C40M70Y100,
(선/획)
C40M60Y90K30, 3pt

문제2 문자와 오브젝트 [35점]

다음의 《조건》에 따라 아래의 《출력형태》와 같이 작업하시오.

《조건》

파일저장규칙	AI	파일명	문서₩GTQ₩수험번호-성명-2.ai
		크기	100 × 80mm

1. 작업 방법

① 'FRESH SUSHI' 문자에 Arial (Bold) 폰트를 적용한다.
② 'DELICIOUS SOUP' 문자에 Type on a Path Tool을 활용한다.
③ Brush는 《출력형태》 참고하여 작성한다.
④ Effect는 《출력형태》를 참고하여 작성한다.
⑤ 그 외 《출력형태》 참조

2. 문자 효과

① DELICIOUS SOUP (Arial, Bold, 9pt, C10M50Y100K10)

《출력형태》

C10M100Y100,
C20M100Y100K20,
K90, K100,
Y20 → M10Y40,
(선/획) M10Y50K10, 1pt

C0M0Y0K0, C20,
[Brush] Starburst 2, 0.5pt

M60Y60, M70Y80, M10Y20, Y20
M90Y90K10, C0M0Y0K0,
[Effect] Drop Shadow

Y30, M20Y70K10, K100,
[Brush] Ink Splats,
C0M0Y0K0, 0.5pt

일러스트레이터

문제3 어플리케이션 디자인 [40점]
다음의 《조건》에 따라 아래의 《출력형태》와 같이 작업하시오.

《조건》

파일저장규칙	AI	파일명	문서₩GTQ₩수험번호-성명-3.ai
		크기	120 × 80mm

1. 작업 방법
① 도형 툴로 오브젝트를 제작한 후 Pattern을 활용하여 작성한다.(패턴 등록 : 꽃)
② 리본에는 불규칙적인 점선을, 장식에는 규칙적인 점선을 설정한다.
③ 장식에 Pattern을 적용한다.
④ 장식에 배치된 오브젝트는 정렬, 간격을 일정하게 한 후 Group 설정을 한다.
⑤ 그 외 《출력형태》 참조

2. 문자 효과
① FRESH FISH (Times New Roman, Bold, 15pt, C100M50K20)
② BIG EVENT SALE (Arial, Bold, 11pt, C0M0Y0K0)

《출력형태》

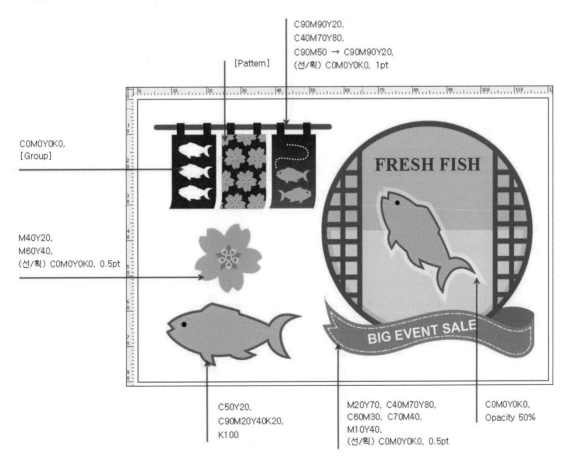

C90M90Y20,
C40M70Y80,
C90M50 → C90M90Y20,
(선/획) C0M0Y0K0, 1pt

[Pattern]

C0M0Y0K0,
[Group]

M40Y20,
M60Y40,
(선/획) C0M0Y0K0, 0.5pt

C50Y20,
C90M20Y40K20,
K100

M20Y70, C40M70Y80,
C60M30, C70M40,
M10Y40,
(선/획) C0M0Y0K0, 0.5pt

C0M0Y0K0,
Opacity 50%

GTQi (그래픽기술자격-일러스트)

급수	문제유형	시험시간	수험번호	성 명
2급		90분		

수험자 유의사항

- 수험자는 문제지를 받는 즉시 응시하고자 하는 과목 및 급수가 맞는지 확인한 후 수험번호와 성명을 작성합니다.
- 파일명은 본인의 "수험번호-성명-문제번호"로 공백 없이 정확히 입력하고 답안폴더(내 PC₩문서₩GTQ)에 ai 파일 포맷으로 저장해야 하며, 다른 파일 형식으로 저장하였을 경우 0점 처리됩니다. 답안문서 파일명이 "수험번호-성명-문제번호"와 일치하지 않거나, 답안 파일을 전송하지 않아 미제출로 처리될 경우 불합격 처리됩니다.
- 수험자 정보와 저장한 파일명, 저장 위치가 다를 경우 전송이 되지 않으므로, 주의하시기 바랍니다.
- 답안 작성 중에도 주기적으로 '저장'과 '답안 전송'을 이용하여 감독위원 PC로 답안을 전송하셔야합니다. (※ 작업한 내용을 저장하지 않고 전송할 경우 이전의 저장내용이 전송되오니 이점 반드시 유념하시기 바랍니다.)
- 답안문서는 지정된 경로 외의 다른 보조기억장치에 저장하는 행위, 지정된 시험 시간 외에 작성된 파일을 활용한 행위, 기타 통신수단(이메일, 메신저, 네트워크 등)을 이용하여 타인에게 전달 또는 외부 반출하는 행위는 부정으로 간주되어 자격기본법 제32조에 의거 본 시험 및 국가공인 자격시험을 2년간 응시할 수 없습니다.
- 시험 중 부주의 또는 고의로 시스템을 파손한 경우와 〈수험자 유의사항〉에 기재된 방법대로 이행하지 않아 생기는 불이익은 수험자의 책임임을 알려 드립니다.
- 시험을 완료한 수험자는 최종적으로 저장한 답안파일이 전송되었는지 확인한 후 감독위원의 지시에 따라 문제지를 제출하고 퇴실합니다.

답안 작성요령

- 온라인 답안 작성 절차
  수험자 등록 ⇒ 시험 시작 ⇒ 답안파일 저장 ⇒ 답안 전송 ⇒ 시험 종료
- 배점은 총 100점으로 이루어지며, 점수는 각 문제별로 차등 배분됩니다.
- 각 문제는 제시된 조건에 맞게 답안을 작성하셔야 하며, 조건을 지키지 못했을 경우에는 0점 또는 감점 처리됩니다.
- 조건에서 주어진 단위는 'mm(밀리미터)'입니다. 눈금자는 작성하지 않으며, 그 외는 출력형태(레이아웃, 색상, 문자, 규격 등)와 같게 작업하십시오.
- 문제 조건에 서체의 지정이 없을 경우 한글은 굴림이나 돋움, 영문은 Arial로 작업하십시오.
  (단, 그 외 제시되지 않은 문자 속성을 기본값으로 작성하지 않은 경우는 감점 처리됩니다.)
- 문제 조건에 크기와 색상, 두께의 지정이 없을 경우 《출력형태》를 참고하여 작업해 주시기 바랍니다.
- Image Mode(이미지 모드)는 별도의 처리조건이 없을 경우에는 CMYK로 작업하십시오.
- 조건에서 제시한 기능을 임의로 합치거나 각 기능에 대한 속성을 해지할 경우 해당 요소는 0점 처리됩니다.

일러스트레이터

문제1 기본 툴 활용 [25점]

다음의 《조건》에 따라 아래의 《출력형태》와 같이 작업하시오.

《조건》

파일저장규칙	AI	파일명	문서₩GTQ₩수험번호-성명-1.ai
		크기	100 × 80mm

1. 작업 방법

① 도형, 변형 툴과 Pathfinder 기능을 활용하여 오브젝트를 작성한다.
② 그 외 《출력형태》 참조

《출력형태》

M50Y90,
M20Y30,
Y50,
C10M90Y100,
C40M100Y100,
C90M60Y90K10,
(선/획)
C20M60Y70K10, 1pt

문제2 문자와 오브젝트   [35점]

다음의 《조건》에 따라 아래의 《출력형태》와 같이 작업하시오.

《조건》

파일저장규칙	AI	파일명	문서₩GTQ₩수험번호-성명-2.ai
		크기	100 × 80mm

1. 작업 방법

① 'TOY SHOP' 문자에 Arial (Bold) 폰트를 적용한다.
② 'TOY SALE EVENT' 문자에 Type on a Path Tool을 활용한다.
③ Brush는 《출력형태》 참고하여 작성한다.
④ Effect는 《출력형태》를 참고하여 작성한다.
⑤ 그 외 《출력형태》 참조

2. 문자 효과

① TOY SALE EVENT (Times New Roman, Regular, 12pt, C80M40K20)

《출력형태》

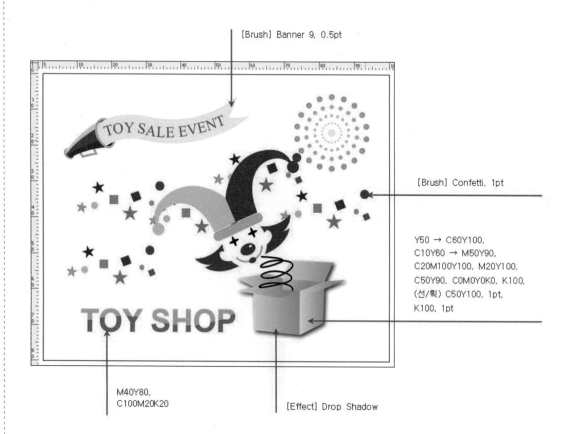

[Brush] Banner 9, 0.5pt

[Brush] Confetti, 1pt

Y50 → C60Y100,
C10Y60 → M50Y90,
C20M100Y100, M20Y100,
C50Y90, C0M0Y0K0, K100,
(선/획) C50Y100, 1pt,
K100, 1pt

M40Y80,
C100M20K20

[Effect] Drop Shadow

일러스트레이터

문제3 어플리케이션 디자인 [40점]

다음의 《조건》에 따라 아래의 《출력형태》와 같이 작업하시오.

《조건》

파일저장규칙	AI	파일명	문서₩GTQ₩수험번호-성명-3.ai
		크기	120 × 80mm

1. 작업 방법
① 도형 툴로 오브젝트를 제작한 후 Pattern을 활용하여 작성한다.(패턴 등록 : 꽃)
② 티켓에는 불규칙적인 점선을, 코끼리에는 규칙적인 점선을 설정한다.
③ 코끼리에 Pattern을 적용한다.
④ 티켓에 배치된 오브젝트는 정렬, 간격을 일정하게 한 후 Group 설정을 한다.
⑤ 그 외 《출력형태》참조

2. 문자 효과
① Elephant Show (Arial, Regular, 7pt, C0M0Y0K0)
② THE GREATEST SHOW (Times New Roman, Bold, 7pt, C100M100Y20K10)

《출력형태》

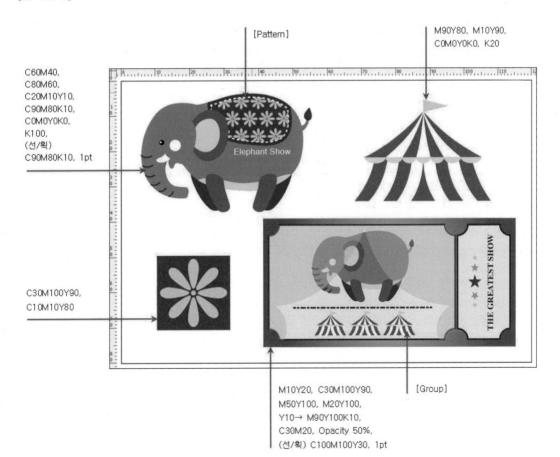

GTQi (그래픽기술자격-일러스트)

급수	문제유형	시험시간	수험번호	성 명
2급		90분		

수험자 유의사항

- 수험자는 문제지를 받는 즉시 응시하고자 하는 과목 및 급수가 맞는지 확인한 후 수험번호와 성명을 작성합니다.
- 파일명은 본인의 "수험번호-성명-문제번호"로 공백 없이 정확히 입력하고 답안폴더(내 PC₩문서₩GTQ)에 ai 파일 포맷으로 저장해야 하며, 다른 파일 형식으로 저장하였을 경우 0점 처리됩니다. 답안문서 파일명이 "수험번호-성명-문제번호"와 일치하지 않거나, 답안 파일을 전송하지 않아 미제출로 처리될 경우 불합격 처리됩니다.
- 수험자 정보와 저장한 파일명, 저장 위치가 다를 경우 전송이 되지 않으므로, 주의하시기 바랍니다.
- 답안 작성 중에도 주기적으로 '저장'과 '답안 전송'을 이용하여 감독위원 PC로 답안을 전송하셔야합니다. (※ 작업한 내용을 저장하지 않고 전송할 경우 이전의 저장내용이 전송되오니 이점 반드시 유념하시기 바랍니다.)
- 답안문서는 지정된 경로 외의 다른 보조기억장치에 저장하는 행위, 지정된 시험 시간 외에 작성된 파일을 활용한 행위, 기타 통신수단(이메일, 메신저, 네트워크 등)을 이용하여 타인에게 전달 또는 외부 반출하는 행위는 부정으로 간주되어 자격기본법 제32조에 의거 본 시험 및 국가공인 자격시험을 2년간 응시할 수 없습니다.
- 시험 중 부주의 또는 고의로 시스템을 파손한 경우와 〈수험자 유의사항〉에 기재된 방법대로 이행하지 않아 생기는 불이익은 수험자의 책임임을 알려 드립니다.
- 시험을 완료한 수험자는 최종적으로 저장한 답안파일이 전송되었는지 확인한 후 감독위원의 지시에 따라 문제지를 제출하고 퇴실합니다.

답안 작성요령

- 온라인 답안 작성 절차
  수험자 등록 ⇒ 시험 시작 ⇒ 답안파일 저장 ⇒ 답안 전송 ⇒ 시험 종료
- 배점은 총 100점으로 이루어지며, 점수는 각 문제별로 차등 배분됩니다.
- 각 문제는 제시된 조건에 맞게 답안을 작성하셔야 하며, 조건을 지키지 못했을 경우에는 0점 또는 감점 처리됩니다.
- 조건에서 주어진 단위는 'mm(밀리미터)'입니다. 눈금자는 작성하지 않으며, 그 외는 출력형태(레이아웃, 색상, 문자, 규격 등)와 같게 작업하십시오.
- 문제 조건에 서체의 지정이 없을 경우 한글은 굴림이나 돋움, 영문은 Arial로 작업하십시오.
  (단, 그 외 제시되지 않은 문자 속성을 기본값으로 작성하지 않은 경우는 감점 처리됩니다.)
- 문제 조건에 크기와 색상, 두께의 지정이 없을 경우 《출력형태》를 참고하여 작업해 주시기 바랍니다.
- Image Mode(이미지 모드)는 별도의 처리조건이 없을 경우에는 CMYK로 작업하십시오.
- 조건에서 제시한 기능을 임의로 합치거나 각 기능에 대한 속성을 해지할 경우 해당 요소는 0점 처리됩니다.

일러스트레이터

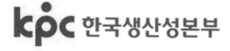
kpc 한국생산성본부

문제1 기본 툴 활용

[25점]

다음의 《조건》에 따라 아래의 《출력형태》와 같이 작업하시오.

《조건》

파일저장규칙	AI	파일명	문서₩GTQ₩수험번호-성명-1.ai
		크기	100 × 80mm

1. 작업 방법

① 도형, 변형 툴과 Pathfinder 기능을 활용하여 오브젝트를 작성한다.
② 그 외 《출력형태》 참조

《출력형태》

C40Y80,
C70M20Y100,
M40Y90,
K90,
K80,
M20Y30K10, C0M0Y0K0
(선/획) K100, 1pt

문제2 문자와 오브젝트 [35점]

다음의 《조건》에 따라 아래의 《출력형태》와 같이 작업하시오.

《조건》

파일저장규칙	AI	파일명	문서\GTQ\수험번호-성명-2.ai
		크기	100 × 80mm

1. 작업 방법

① 'BIO ENERGY' 문자에 Arial (Bold) 폰트를 적용한다.
② 'For the Green City' 문자에 Type on a Path Tool을 활용한다.
③ Brush는 《출력형태》 참고하여 작성한다.
④ Effect는 《출력형태》를 참고하여 작성한다.
⑤ 그 외 《출력형태》 참조

2. 문자 효과

① For the Green City (Times New Roman, Regular, 12pt, C80M10Y20K40)

《출력형태》

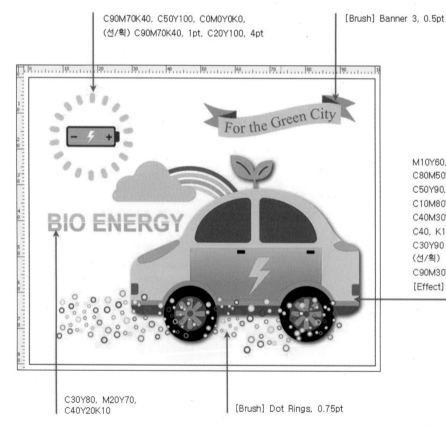

C90M70K40, C50Y100, C0M0Y0K0,
(선/획) C90M70K40, 1pt, C20Y100, 4pt

[Brush] Banner 3, 0.5pt

M10Y60,
C80M50Y60K10,
C50Y90,
C10M80Y100,
C40M30Y20,
C40, K100,
C30Y90 → C60Y100K10,
(선/획)
C90M30Y90K30, 1pt,
[Effect] Drop Shadow

C30Y80, M20Y70,
C40Y20K10

[Brush] Dot Rings, 0.75pt

문제3 어플리케이션 디자인 [40점]
다음의 《조건》에 따라 아래의 《출력형태》와 같이 작업하시오.

《조건》

파일저장규칙	AI	파일명	문서₩GTQ₩수험번호-성명-3.ai
		크기	120 × 80mm

1. 작업 방법
① 도형 툴로 오브젝트를 제작한 후 Pattern을 활용하여 작성한다.(패턴 등록 : 재활용 마크)
② 에코백에는 불규칙적인 점선을, 쓰레기통에는 규칙적인 점선을 설정한다.
③ 에코백에 Pattern을 적용한다.
④ 쓰레기통에 배치된 오브젝트는 정렬, 간격을 일정하게 한 후 Group 설정을 한다.
⑤ 그 외 《출력형태》 참조

2. 문자 효과
① ZERO WASTE (Arial, Bold, 13pt, C0M0Y0K0)
② Creating a Clean Earth (Times New Roman, Regular, 8pt, C90M30Y100K30)

《출력형태》

C10Y50, C50M10Y90,
C80M40Y100, C80M50Y100K20,
C30Y100, C50Y100K10,
C80M60Y100K10,
(선/획) C0M0Y0K0, 0.5pt

C10M10Y40, C10M10,
C20M10, C30M10,
C40M10, C50M10

[Pattern]

[Group]

C20M20Y40, C10M10Y20,
C50Y100, C10M10Y20 → C10M20Y40,
C50Y100K20, Opacity 50%,
(선/획) C0M0Y0K0, 1pt, C10M10Y20, 0.5pt

GTQi (그래픽기술자격-일러스트)

급수	문제유형	시험시간	수험번호	성 명
2급		90분		

일러스트레이터

수험자 유의사항

● 수험자는 문제지를 받는 즉시 응시하고자 하는 과목 및 급수가 맞는지 확인한 후 수험번호와 성명을 작성합니다.

● 파일명은 본인의 "수험번호-성명-문제번호"로 공백 없이 정확히 입력하고 답안폴더(내 PC₩문서₩GTQ)에 ai 파일 포맷으로 저장해야 하며, 다른 파일 형식으로 저장하였을 경우 0점 처리됩니다. 답안문서 파일명이 "수험번호-성명-문제번호"와 일치하지 않거나, 답안 파일을 전송하지 않아 미제출로 처리될 경우 불합격 처리됩니다.

● 수험자 정보와 저장한 파일명, 저장 위치가 다를 경우 전송이 되지 않으므로, 주의하시기 바랍니다.

● 답안 작성 중에도 주기적으로 '저장'과 '답안 전송'을 이용하여 감독위원 PC로 답안을 전송하셔야합니다. (※ 작업한 내용을 저장하지 않고 전송할 경우 이전의 저장내용이 전송되오니 이점 반드시 유념하시기 바랍니다.)

● 답안문서는 지정된 경로 외의 다른 보조기억장치에 저장하는 행위, 지정된 시험 시간 외에 작성된 파일을 활용한 행위, 기타 통신수단(이메일, 메신저, 네트워크 등)을 이용하여 타인에게 전달 또는 외부 반출하는 행위는 부정으로 간주되어 자격기본법 제32조에 의거 본 시험 및 국가공인 자격시험을 2년간 응시할 수 없습니다.

● 시험 중 부주의 또는 고의로 시스템을 파손한 경우와 〈수험자 유의사항〉에 기재된 방법대로 이행하지 않아 생기는 불이익은 수험자의 책임임을 알려 드립니다.

● 시험을 완료한 수험자는 최종적으로 저장한 답안파일이 전송되었는지 확인한 후 감독위원의 지시에 따라 문제지를 제출하고 퇴실합니다.

답안 작성요령

● 온라인 답안 작성 절차
수험자 등록 ⇒ 시험 시작 ⇒ 답안파일 저장 ⇒ 답안 전송 ⇒ 시험 종료

● 배점은 총 100점으로 이루어지며, 점수는 각 문제별로 차등 배분됩니다.

● 각 문제는 제시된 조건에 맞게 답안을 작성하셔야 하며, 조건을 지키지 못했을 경우에는 0점 또는 감점 처리됩니다.

● 조건에서 주어진 단위는 'mm(밀리미터)'입니다. 눈금자는 작성하지 않으며, 그 외는 출력형태(레이아웃, 색상, 문자, 규격 등)와 같게 작업하십시오.

● 문제 조건에 서체의 지정이 없을 경우 한글은 굴림이나 돋움, 영문은 Arial로 작업하십시오.
(단, 그 외 제시되지 않은 문자 속성을 기본값으로 작성하지 않은 경우는 감점 처리됩니다.)

● 문제 조건에 크기와 색상, 두께의 지정이 없을 경우 《출력형태》를 참고하여 작업해 주시기 바랍니다.

● Image Mode(이미지 모드)는 별도의 처리조건이 없을 경우에는 CMYK로 작업하십시오.

● 조건에서 제시한 기능을 임의로 합치거나 각 기능에 대한 속성을 해지할 경우 해당 요소는 0점 처리됩니다.

kpc 한국생산성본부

문제1 기본 툴 활용   [25점]

다음의 《조건》에 따라 아래의 《출력형태》와 같이 작업하시오.

《조건》

파일저장규칙	AI	파일명	문서₩GTQ₩수험번호-성명-1.ai
		크기	100 × 80mm

1. 작업 방법
① 도형, 변형 툴과 Pathfinder 기능을 활용하여 오브젝트를 작성한다.
② 그 외 《출력형태》 참조

《출력형태》

C10M60Y80,
C20M100Y70,
C0M0Y0K0,
K100, C80Y40K30,
C40M80Y90K10,
M20Y90,
(선/획) K100, 1pt

문제2 문자와 오브젝트　　　　　　　　　　　　　　　　　　　　　　　[35점]
다음의 《조건》에 따라 아래의 《출력형태》와 같이 작업하시오.

《조건》

파일저장규칙	AI	파일명	문서₩GTQ₩수험번호-성명-2.ai
		크기	100 × 80mm

1. 작업 방법
① 'The 6th Golf Tournament' 문자에 Times New Roman (Bold) 폰트를 적용한다.
② 'A hole-in-one Golf Course' 문자에 Type on a Path Tool을 활용한다.
③ Brush는 《출력형태》 참고하여 작성한다.
④ Effect는 《출력형태》를 참고하여 작성한다.
⑤ 그 외 《출력형태》 참조

2. 문자 효과
① A hole-in-one Golf Course (Arial, Regular, 12pt, C90M50K30)

《출력형태》

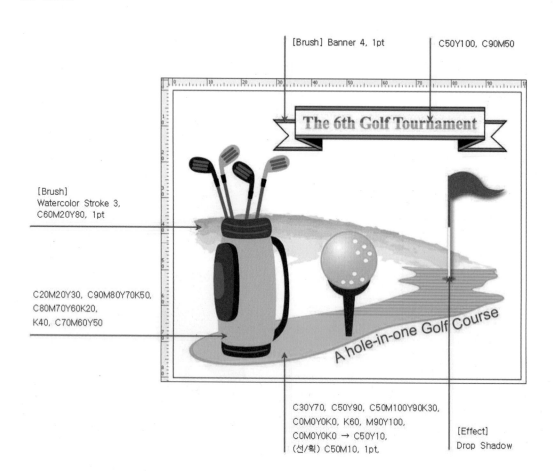

[Brush] Banner 4, 1pt

C50Y100, C90M50

[Brush]
Watercolor Stroke 3,
C60M20Y80, 1pt

C20M20Y30, C90M80Y70K50,
C80M70Y60K20,
K40, C70M60Y50

C30Y70, C50Y90, C50M100Y90K30,
C0M0Y0K0, K60, M90Y100,
C0M0Y0K0 → C50Y10,
(선/획) C50M10, 1pt,

[Effect]
Drop Shadow

일러스트레이터

문제3 어플리케이션 디자인 [40점]
다음의 《조건》에 따라 아래의 《출력형태》와 같이 작업하시오.

《조건》

파일저장규칙	AI	파일명	문서₩GTQ₩수험번호-성명-3.ai
		크기	120 × 80mm

1. 작업 방법
① 도형 툴로 오브젝트를 제작한 후 Pattern을 활용하여 작성한다.(패턴 등록 : 새)
② 카트에는 불규칙적인 점선을, 모자에는 규칙적인 점선을 설정한다.
③ 카트에 Pattern을 적용한다.
④ 카트에 배치된 오브젝트는 정렬, 간격을 일정하게 한 후 Group 설정을 한다.
⑤ 그 외 《출력형태》 참조

2. 문자 효과
① Golf Cart #1 (Arial, Bold, 9pt, C40M30Y50K50)
② Club Members (Times New Roman, Regular, 8pt, C60M60K60)

《출력형태》

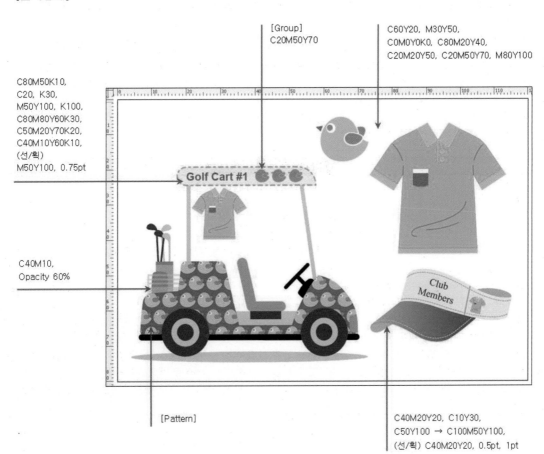

[Group]
C20M50Y70

C60Y20, M30Y50,
C0M0Y0K0, C80M20Y40,
C20M20Y50, C20M50Y70, M80Y100

C80M50K10,
C20, K30,
M50Y100, K100,
C80M80Y60K30,
C50M20Y70K20,
C40M10Y60K10,
(선/획)
M50Y100, 0.75pt

C40M10,
Opacity 60%

[Pattern]

C40M20Y20, C10Y30,
C50Y100 → C100M50Y100,
(선/획) C40M20Y20, 0.5pt, 1pt

GTQi (그래픽기술자격-일러스트)

급수	문제유형	시험시간	수험번호	성 명
2급		90분		

일러스트레이터

문제1 기본 툴 활용 [25점]

다음의 《조건》에 따라 아래의 《출력형태》와 같이 작업하시오.

《조건》

파일저장규칙	AI	파일명	문서₩GTQ₩수험번호-성명-1.ai
		크기	100 × 80mm

1. 작업 방법

① 도형, 변형 툴과 Pathfinder 기능을 활용하여 오브젝트를 작성한다.
② 그 외 《출력형태》 참조

《출력형태》

C50M20Y90K20,
C50M40Y80K30,
C60M50Y80K40,
C50M20Y90,
C40M10Y80,
C50M60Y90K60,
Y30, K100,
(선/획)
C50M40Y80K40, 1pt

문제2 문자와 오브젝트 [35점]

다음의 《조건》에 따라 아래의 《출력형태》와 같이 작업하시오.

《조건》

파일저장규칙	AI	파일명	문서₩GTQ₩수험번호-성명-2.ai
		크기	100 × 80mm

1. 작업 방법

① 'DOLPHIN SHOW' 문자에 Times New Roman (Bold) 폰트를 적용한다.
② 'Welcome to the dolphin show' 문자에 Type on a Path Tool을 활용한다.
③ Brush는 《출력형태》 참고하여 작성한다.
④ Effect는 《출력형태》 를 참고하여 작성한다.
⑤ 그 외 《출력형태》 참조

2. 문자 효과

① Welcome to the dolphin show (Arial, Bold, 8pt, C30M80K30)

《출력형태》

C0M0Y0K0,
C10 → C100Y10

M80, C100M60Y10,
[Brush] Banner 12, 1.2pt

C80M30,
C20, C80M30K20,
C0M0Y0K0,
K100, M90Y80,
(선/획)
C20, 3pt,
[Effect] Drop Shadow

[Brush]
Watercolor Stroke 3,
C80M20, 1pt

M40Y40,
C0M0Y0K0,
C60Y30

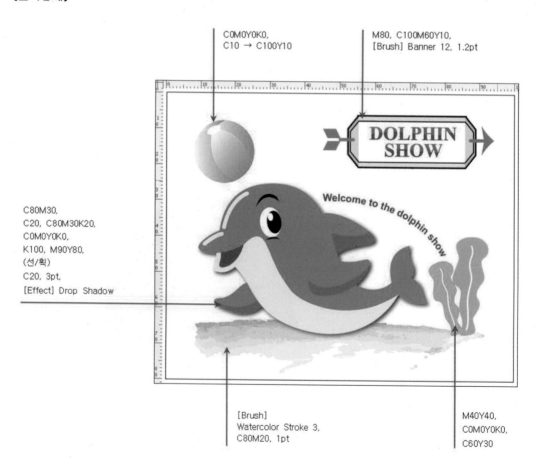

일러스트레이터

문제3 어플리케이션 디자인 [40점]
다음의 《조건》에 따라 아래의 《출력형태》와 같이 작업하시오.

《조건》

파일저장규칙	AI	파일명	문서₩GTQ₩수험번호-성명-3.ai
		크기	120 × 80mm

1. 작업 방법
① 도형 툴로 오브젝트를 제작한 후 Pattern을 활용하여 작성한다.(패턴 등록 : 해파리)
② 쇼핑백에는 불규칙적인 점선을, 옷에는 규칙적인 점선을 설정한다.
③ 옷에 Pattern을 적용한다.
④ 옷에 배치된 오브젝트는 정렬, 간격을 일정하게 한 후 Group 설정을 한다.
⑤ 그 외 《출력형태》 참조

2. 문자 효과
① Aquarium Adventure (Times New Roman, Bold, 12pt, C80M30K20)
② Have a fantastic experience (Arial, Regular, 6pt, C0M0Y0K0)

《출력형태》

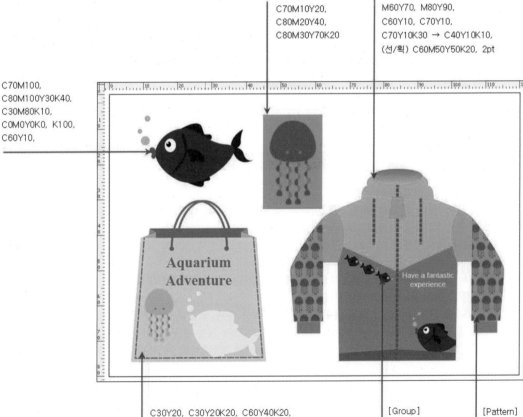

C70M10Y20,
C80M20Y40,
C80M30Y70K20

M60Y70, M80Y90,
C60Y10, C70Y10,
C70Y10K30 → C40Y10K10,
(선/획) C60M50Y50K20, 2pt

C70M100,
C80M100Y30K40,
C30M80K10,
C0M0Y0K0, K100,
C60Y10,

C30Y20, C30Y20K20, C60Y40K20,
C60M10Y30K40, C20M20Y60, C60M30Y60,
C0M0Y0K0, Opacity 50%,
(선/획) C60M10Y30K40, 0.75pt

[Group]   [Pattern]

GTQi (그래픽기술자격-일러스트)

급수	문제유형	시험시간	수험번호	성 명
2급		90분		

수험자 유의사항

- 수험자는 문제지를 받는 즉시 응시하고자 하는 과목 및 급수가 맞는지 확인한 후 수험번호와 성명을 작성합니다.
- 파일명은 본인의 "수험번호-성명-문제번호"로 공백 없이 정확히 입력하고 답안폴더(내 PC₩문서₩GTQ)에 ai 파일 포맷으로 저장해야 하며, 다른 파일 형식으로 저장하였을 경우 0점 처리됩니다. 답안문서 파일명이 "수험번호-성명-문제번호"와 일치하지 않거나, 답안 파일을 전송하지 않아 미제출로 처리될 경우 불합격 처리됩니다.
- 수험자 정보와 저장한 파일명, 저장 위치가 다를 경우 전송이 되지 않으므로, 주의하시기 바랍니다.
- 답안 작성 중에도 주기적으로 '저장'과 '답안 전송'을 이용하여 감독위원 PC로 답안을 전송하셔야합니다. (※ 작업한 내용을 저장하지 않고 전송할 경우 이전의 저장내용이 전송되오니 이점 반드시 유념하시기 바랍니다.)
- 답안문서는 지정된 경로 외의 다른 보조기억장치에 저장하는 행위, 지정된 시험 시간 외에 작성된 파일을 활용한 행위, 기타 통신수단(이메일, 메신저, 네트워크 등)을 이용하여 타인에게 전달 또는 외부 반출하는 행위는 부정으로 간주되어 자격기본법 제32조에 의거 본 시험 및 국가공인 자격시험을 2년간 응시할 수 없습니다.
- 시험 중 부주의 또는 고의로 시스템을 파손한 경우와 <수험자 유의사항>에 기재된 방법대로 이행하지 않아 생기는 불이익은 수험자의 책임임을 알려 드립니다.
- 시험을 완료한 수험자는 최종적으로 저장한 답안파일이 전송되었는지 확인한 후 감독위원의 지시에 따라 문제지를 제출하고 퇴실합니다.

답안 작성요령

- 온라인 답안 작성 절차
  수험자 등록 ⇒ 시험 시작 ⇒ 답안파일 저장 ⇒ 답안 전송 ⇒ 시험 종료
- 배점은 총 100점으로 이루어지며, 점수는 각 문제별로 차등 배분됩니다.
- 각 문제는 제시된 조건에 맞게 답안을 작성하셔야 하며, 조건을 지키지 못했을 경우에는 0점 또는 감점 처리됩니다.
- 조건에서 주어진 단위는 'mm(밀리미터)'입니다. 눈금자는 작성하지 않으며, 그 외는 출력형태(레이아웃, 색상, 문자, 규격 등)와 같게 작업하십시오.
- 문제 조건에 서체의 지정이 없을 경우 한글은 굴림이나 돋움, 영문은 Arial로 작업하십시오.
  (단, 그 외 제시되지 않은 문자 속성을 기본값으로 작성하지 않은 경우는 감점 처리됩니다.)
- 문제 조건에 크기와 색상, 두께의 지정이 없을 경우 《출력형태》를 참고하여 작업해 주시기 바랍니다.
- Image Mode(이미지 모드)는 별도의 처리조건이 없을 경우에는 CMYK로 작업하십시오.
- 조건에서 제시한 기능을 임의로 합치거나 각 기능에 대한 속성을 해지할 경우 해당 요소는 0점 처리됩니다.

kpc 한국생산성본부

문제1 기본 툴 활용 [25점]

다음의 《조건》에 따라 아래의 《출력형태》와 같이 작업하시오.

《조건》

파일저장규칙	AI	파일명	문서₩GTQ₩수험번호-성명-1.ai
		크기	100 × 80mm

1. 작업 방법

① 도형, 변형 툴과 Pathfinder 기능을 활용하여 오브젝트를 작성한다.

② 그 외 《출력형태》 참조

《출력형태》

C40M70Y90K60,
C10M40Y40,
C0M0Y0K0, K100,
C10M70Y40,
C40M80Y100,
C20M70Y100K80,
(선/획) K100, 0.75pt

문제2 문자와 오브젝트 [35점]

다음의 《조건》에 따라 아래의 《출력형태》와 같이 작업하시오.

《조건》

파일저장규칙	AI	파일명	문서₩GTQ₩수험번호-성명-2.ai
		크기	100 × 80mm

1. 작업 방법

① 'TAEKWONDO' 문자에 Times New Roman (Bold) 폰트를 적용한다.
② 'Power Breaking' 문자에 Type on a Path Tool을 활용한다.
③ Brush는 《출력형태》 참고하여 작성한다.
④ Effect는 《출력형태》를 참고하여 작성한다.
⑤ 그 외 《출력형태》 참조

2. 문자 효과

① Power Breaking (Arial, Bold, 10pt, C0M0Y0K0)

《출력형태》

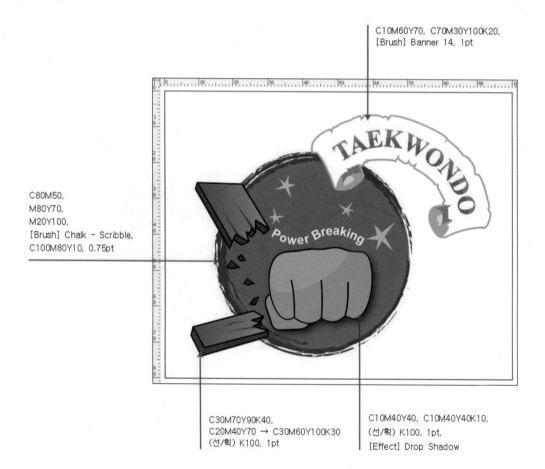

C10M60Y70, C70M30Y100K20,
[Brush] Banner 14, 1pt

C80M50,
M80Y70,
M20Y100,
[Brush] Chalk – Scribble,
C100M80Y10, 0.75pt

C30M70Y90K40,
C20M40Y70 → C30M60Y100K30
(선/획) K100, 1pt

C10M40Y40, C10M40Y40K10,
(선/획) K100, 1pt,
[Effect] Drop Shadow

일러스트레이터

문제3 어플리케이션 디자인 [40점]
다음의 《조건》에 따라 아래의 《출력형태》와 같이 작업하시오.

《조건》

파일저장규칙	AI	파일명	문서₩GTQ₩수험번호-성명-3.ai
		크기	120 × 80mm

1. 작업 방법
① 도형 툴로 오브젝트를 제작한 후 Pattern을 활용하여 작성한다.(패턴 등록 : 와당무늬)
② 메달에는 규칙적인 점선을, 우승기에는 불규칙적인 점선을 설정한다.
③ 우승기에 Pattern을 적용한다.
④ 우승기에 배치된 오브젝트는 정렬, 간격을 일정하게 한 후 Group 설정을 한다.
⑤ 그 외 《출력형태》참조

2. 문자 효과
① GOLD MEDAL (Arial, Bold, 7pt, C30M60Y100K20)
② The World Championship (Times New Roman, Bold, 12pt, C0M0Y0K0)

《출력형태》

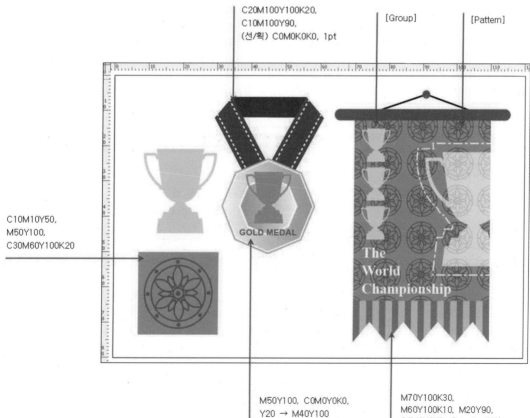

C20M100Y100K20,
C10M100Y90,
(선/획) C0M0K0K0, 1pt

[Group]

[Pattern]

C10M10Y50,
M50Y100,
C30M60Y100K20

M50Y100, C0M0Y0K0,
Y20 → M40Y100

M70Y100K30,
M60Y100K10, M20Y90,
C0M0Y0K0, Opacity 70%,
(선/획) Y30, 1pt, K100, 1pt

GTQi (그래픽기술자격-일러스트)

급 수	문제유형	시험시간	수험번호	성 명
2급		90분		

수험자 유의사항

● 수험자는 문제지를 받는 즉시 응시하고자 하는 과목 및 급수가 맞는지 확인한 후 수험번호와 성명을 작성합니다.

● 파일명은 본인의 "수험번호-성명-문제번호"로 공백 없이 정확히 입력하고 답안폴더(내 PC\문서\GTQ)에 ai 파일 포맷으로 저장해야 하며, 다른 파일 형식으로 저장하였을 경우 0점 처리됩니다. 답안문서 파일명이 "수험번호-성명-문제번호"와 일치하지 않거나, 답안 파일을 전송하지 않아 미제출로 처리될 경우 불합격 처리됩니다.

● 수험자 정보와 저장한 파일명, 저장 위치가 다를 경우 전송이 되지 않으므로, 주의하시기 바랍니다.

● 답안 작성 중에도 <u>주기적으로 '저장'과 '답안 전송'</u>을 이용하여 감독위원 PC로 답안을 전송하셔야합니다. (※ 작업한 내용을 <u>저장하지 않고 전송할 경우</u> 이전의 저장내용이 전송되오니 이점 반드시 유념하시기 바랍니다.)

● 답안문서는 지정된 경로 외의 다른 보조기억장치에 저장하는 행위, 지정된 시험 시간 외에 작성된 파일을 활용한 행위, 기타 통신수단(이메일, 메신저, 네트워크 등)을 이용하여 타인에게 전달 또는 외부 반출하는 행위는 부정으로 간주되어 자격기본법 제32조에 의거 본 시험 및 국가공인 자격시험을 2년간 응시할 수 없습니다.

● 시험 중 부주의 또는 고의로 시스템을 파손한 경우와 <수험자 유의사항>에 기재된 방법대로 이행하지 않아 생기는 불이익은 수험자의 책임임을 알려 드립니다.

● 시험을 완료한 수험자는 최종적으로 저장한 답안파일이 전송되었는지 확인한 후 감독위원의 지시에 따라 문제지를 제출하고 퇴실합니다.

답안 작성요령

● 온라인 답안 작성 절차
  수험자 등록 ⇒ 시험 시작 ⇒ 답안파일 저장 ⇒ 답안 전송 ⇒ 시험 종료

● 배점은 총 100점으로 이루어지며, 점수는 각 문제별로 차등 배분됩니다.

● 각 문제는 제시된 조건에 맞게 답안을 작성하셔야 하며, 조건을 지키지 못했을 경우에는 0점 또는 감점 처리됩니다.

● 조건에서 주어진 단위는 'mm(밀리미터)'입니다. 눈금자는 작성하지 않으며, 그 외는 출력형태(레이아웃, 색상, 문자, 규격 등)와 같이 작업하십시오.

● 문제 조건에 서체의 지정이 없을 경우 한글은 굴림이나 돋움, 영문은 Arial로 작업하십시오.
  (단, 그 외 제시되지 않은 문자 속성을 기본값으로 작성하지 않은 경우는 감점 처리됩니다.)

● 문제 조건에 크기와 색상, 두께의 지정이 없을 경우 《출력형태》를 참고하여 작업해 주시기 바랍니다.

● Image Mode(이미지 모드)는 별도의 처리조건이 없을 경우에는 CMYK로 작업하십시오.

● 조건에서 제시한 기능을 임의로 합치거나 각 기능에 대한 속성을 해지할 경우 해당 요소는 0점 처리됩니다.

kpc 한국생산성본부

일러스트레이터

문제1 기본 툴 활용   [25점]

다음의 《조건》에 따라 아래의 《출력형태》와 같이 작업하시오.

《조건》

파일저장규칙	AI	파일명	문서₩GTQ₩수험번호-성명-1.ai
		크기	100 × 80mm

1. 작업 방법

① 도형, 변형 툴과 Pathfinder 기능을 활용하여 오브젝트를 작성한다.
② 그 외 《출력형태》 참조

《출력형태》

C50M40Y40,
C50M40Y40K20,
C60M50Y50K40,
M50, C20M100Y80,
K100, M20Y20,
(선/획) K100, 1pt

문제2 문자와 오브젝트   [35점]

다음의 《조건》에 따라 아래의 《출력형태》와 같이 작업하시오.

《조건》

파일저장규칙	AI	파일명	문서₩GTQ₩수험번호-성명-2.ai
		크기	100 × 80mm

1. 작업 방법

① 'Flamingo Park' 문자에 Arial (Bold) 폰트를 적용한다.
② 'Exploring the Jungle' 문자에 Type on a Path Tool을 활용한다.
③ Brush는 《출력형태》 참고하여 작성한다.
④ Effect는 《출력형태》 를 참고하여 작성한다.
⑤ 그 외 《출력형태》 참조

2. 문자 효과

① Exploring the Jungle (Times New Roman, Regular, 12pt, C90M30Y90K30)

《출력형태》

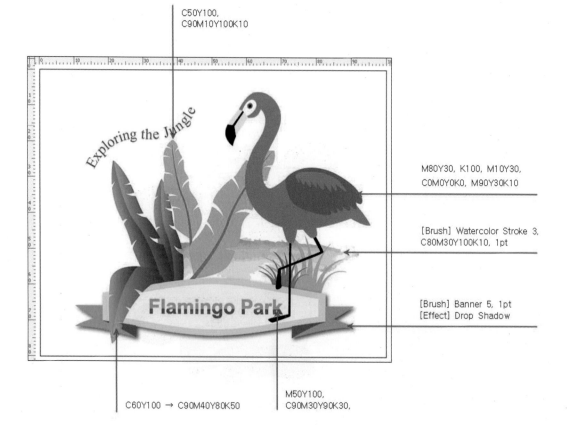

C50Y100,
C90M10Y100K10

M80Y30, K100, M10Y30,
C0M0Y0K0, M90Y30K10

[Brush] Watercolor Stroke 3,
C80M30Y100K10, 1pt

[Brush] Banner 5, 1pt
[Effect] Drop Shadow

C60Y100 → C90M40Y80K50

M50Y100,
C90M30Y90K30,

문제3 어플리케이션 디자인   **[40점]**

다음의 《조건》에 따라 아래의 《출력형태》와 같이 작업하시오.

《조건》

파일저장규칙	AI	파일명	문서₩GTQ₩수험번호-성명-3.ai
		크기	120 × 80mm

1. 작업 방법
① 도형 툴로 오브젝트를 제작한 후 Pattern을 활용하여 작성한다.(패턴 등록 : 식물)
② 태그에는 불규칙적인 점선을, 가방에는 규칙적인 점선을 설정한다.
③ 가방에 Pattern을 적용한다.
④ 가방에 배치된 오브젝트는 정렬, 간격을 일정하게 한 후 Group 설정을 한다.
⑤ 그 외 《출력형태》참조

2. 문자 효과
① JUNGLE EXPEDITION (Arial, Bold, 8pt, K100)
② The king of beasts (Times New Roman, Regular, 8pt, C40M70Y100K50)

《출력형태》

C50M50Y80K60, C20M30Y40,
C20M30Y50K10, C10M10Y40, K100,
C80M20Y80K10, C90M30Y80K20

C50M50Y70K60, C60M40Y70K30,
M60Y90, M80Y100, C40M80Y90K60,
C30M30Y20K10, M30Y100 → M90Y70K10,
(선/획) M80Y100, 1pt

[Pattern]

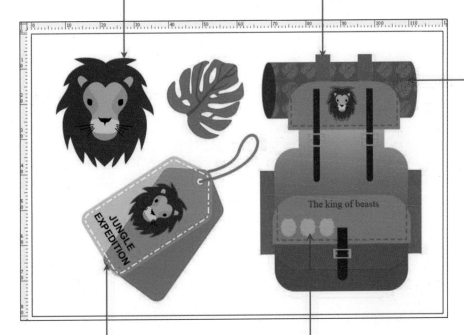

C80M20Y100,
C60Y100, Opacity 60%,
(선/획) C0M0Y0K0, 1pt, M50Y100K20, 2pt

[Group] M30Y90

원리쏙쏙 IT 실전 워크북 시리즈

포토샵CC 2023
유윤자 지음 | A4
304쪽 | 17,000원

포토샵CC 2022
유윤자 지음 | A4
304쪽 | 15,000원

포토샵CC 2021
유윤자 지음 | A4
304쪽 | 15,000원

포토샵 CC
유윤자 지음 | A4
292쪽 | 15,000원

포토샵 CS6 한글판
유윤자, 우석진 지음 | A4
252쪽 | 13,000원

일러스트레이터 CC
유윤자 지음 | A4
320쪽 | 16,000원

일러스트레이터 CS6
김성실 지음 | A4
240쪽 | 13,000원

**전문가의 스킬을 따라
배우는 포토샵&
일러스트레이터CC
기초+활용 실습**
유윤자 지음 | A4
488쪽 | 21,000원

**일러스트레이터CC
기초부터 실무활용까지**
유윤자 지음 | A4
352쪽 | 19,000원

한글 2020
김수진 지음 | A4
216쪽 | 12,000원

한글 2016(NEO)
비전IT 지음 | A4
216쪽 | 12,000원

한글 2014
김미영 지음 | A4
216쪽 | 12,000원

엑셀 2016
김지은 지음 | A4
212쪽 | 12,000원

엑셀 2013
김수진 지음 | A4
216쪽 | 12,000원

파워포인트 2016
김도린 지음 | A4
208쪽 | 12,000원

파워포인트 2013
비전IT 지음 | A4
256쪽 | 12,000원

유튜브&영상편집 첫발 내딛기
박승현 지음 | A4
178쪽 | 12,000원